GW01401399

IN
FREMDEN
BETTEN

IN FREMDEN BETTEN

Hotelgeschichten
von
Heinz Horrmann

Klocke Verlag GmbH
Höfeweg 40 · 33619 Bielefeld · Telefon: 05 21 / 9 11 11-0
Telefax: 05 21 / 9 11 11-12
Internet: www.klocke-verlag.de · E-Mail: info@klocke-verlag.de

1. Auflage 2004

Illustrationen:
Marc Stüwe, Köln: Seiten 17, 19, 24, 45, 49, 82, 86, 113,
125, 126, 201, 225, 245
Hotel Meurice, Paris: Titelillustration, Seiten 29, 37, 57,
71, 91, 102, 109, 117, 129, 133, 143, 151, 155, 159, 165, 173, 177, 181,
185, 189, 193, 206, 209, 213
The Oriental, Bangkok: Seite 137

Layout: Gábor Wallrabenstein

Lithographie:
Klocke Medienservice Holger Schönfeld, Werner Busch

Produktion: Nicole Leermakers

Vertrieb: Stephan Klocke

Druck: Graphischer Betrieb Ernst Gieseking GmbH, Bielefeld

Printed in Germany

ISBN 3-934170-28-5

IN FREMDEN BETTEN

Hotelgeschichten
von
Heinz Horrmann

Klocke Verlag

Inhalts-
verzeichnis

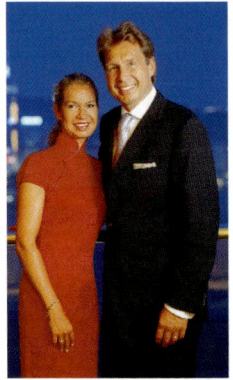

Seit 1996 beschäftigen wir uns mit der internationalen Luxushotellerie. Dabei interessieren uns besonders *hideaways,* beschauliche, romantische Verstecke an den faszinierendsten Plätzen und in den atemberaubendsten Metropolen, außergewöhnliche Refugien für die Seele und Kleinode des guten Geschmacks, in denen man genüsslich die Seele baumeln lassen kann. Unser gleich lautendes Magazin, in dem wir diese Verwöhnoasen mit opulenter Fotografie vorstellen, hat sich als eines der exklusivsten Reisemagazine der Welt etabliert. Es gehört heute zur Pflichtlektüre von globetrottenden Connaisseurs nicht nur in Europa, sondern mit den entsprechenden Sprachausgaben ebenso in Russland, dem Mittleren Osten oder Hongkong. Seit der Gründung dieser Publikation kennen und schätzen wir Heinz Horrmann, der zu den renommiertesten internationalen Reiseautoren gehört. Es gibt weltweit nur wenige Travelwriter, die jedes Jahr ebenso viele Hotels besuchen, auf Kreuzfahrtschiffen unterwegs sind oder den Komfort an Bord von Langstreckenflügen testen wie der Geschäftsführende Redakteur der WELT und WELT am SONNTAG. Der Autor von sechsundzwanzig Hotel- und Genussbüchern wurde für seine unermüdliche Arbeit, unser Land als Gastgeberland darzustellen und der Hotellerie und Gastronomie durch seine kritischen Anmerkungen neue Impulse zu verleihen, im Jahre 2001 mit dem Bundesverdienstkreuz am Bande ausgezeichnet, der amerikanische Nachrichtensender CNN bezeichnete ihn in einem Portrait als den „angesehensten Hotelkritiker der Welt".

Durch unsere gemeinsame Liebe zur Luxushotellerie und zu exklusiven Reisen und aus gegenseitigem Respekt begründeten wir eine Partnerschaft, in der bereits zwei gemeinsame Buchprojekte erschienen sind: In den beiden Bildbänden KREUZ-FAHRT-TRÄUME schildert Heinz Horrmann seine Eindrücke an Bord der Königinnen der Weltmeere, der zweite Band wurde als eines der besten Reisebücher ausgezeichnet. In dem vorliegenden Buch IN FREMDEN BETTEN, einer Auswahl seiner gleichnamigen Kolumnen aus der WELT am SONNTAG, die die meistgelesene Hotelkolumne in Tageszeitungen im deutschsprachigen Raum ist, berichtet er von seinen Erlebnissen in den besten Hotels rund um den Globus, die er mit seiner unnachahmlichen Art sowohl mit unverhohlener Kritik als auch mit versteckter Ironie oder einem charmanten Augenzwinkern stets amüsant und kurzweilig erzählt.

Thomas und Martina Klocke, Herausgeber

Nur wenige der neunmalklugen Sprüche sind mehr als nur Buchstabengarnitur für Kalenderblätter. Einige gelungene lassen sich auf alle möglichen Lebenslagen abwandeln. „Das Leben ist viel zu kurz, um schlechten Wein zu trinken", zum Beispiel. Wer immer so zitiert wird, hat natürlich unbedingt Recht. Keine Frage. Doch gilt die Erkenntnis beispielsweise ebenso für den Aufenthalt in schlechten Hotels. Fernab von daheim sich auch noch ärgern müssen, anstatt in kultivierter Umgebung den Augenblick genießen zu können, das ist verlorene Zeit, blockierte Lebensfreude.

Manchmal kam ich mir wie ein Vertreter vor, ständig in einem anderen Hotel zu wohnen. Vor allem in den 80er Jahren, als ich in New York bei *Condé Nast Traveler* Mitglied der Jury war, die die Weltrangliste der besten Hotels zusammenstellte und sich zur Auflage gemacht hatte, 100 Nächte im Jahr im Hotel zu nächtigen, um einen wirklich guten Überblick zu haben. Ein objektiveres und besseres System übrigens als nur die Leser des Fachmagazins zu befragen, die ihre Wertung aus einem Urlaubsaufenthalt und drei bis vier Dienstreisen mit Businesshotel-Aufenthalt ziehen. Wenn Hotels derart zum Lebensmittelpunkt werden, stören die lieblose Ausstattung, der eingesparte Blumengruß, unwilliger Service, Renovierungsstau, mühseliges Einchecken, Warten aufs Gepäck und vor allem der schlechte F&B-Bereich (Essen und Trinken) besonders. Ich möchte Ihnen aus dieser Kategorie ebenso Beispiele schildern, wie nervtötend und ärgerlich Personal ist, das vornehmer sein will als die Gäste.

Der Service im hochgelobten „Ritz", Paris, wo die Dachkammer mehr als 500 Euro kostet, ist in der Sammlung erlebter Erfahrungen zumindest in dem Punkt Spitzenreiter. Schade, bei dem optischen Glanz dieses wundervoll ausgestatteten Domizils mit einer Geschichte, die 1898 seinen Ausgangspunkt hatte, als der ehemalige Küchenjunge und Etagenkellner Cäsar Ritz einen der schönsten Pariser Adelspaläste kaufte und zu einer Nobelherberge ausbaute. Meine Ankunft war angemessen eindrucksvoll. Jeder, der durch die Drehtür des Portals schreitet (nachdem er von *Security*-Nahkämpfern mit Blicken abgetastet worden ist), darf über den roten Teppich die Stufen hochsteigen und fühlt sich persönlich von der verschwenderischen Fülle luxuriöser Details geadelt. Wahrlich ein edles Zuhause, fernab von daheim für besonders handverlesene, privilegierte Gäste. Doch beim Einchecken wurde als Erstes eine Kreditkartenquittung blanko verlangt. Wie passt das zusammen? „Das machen wir immer, um Ihren Aufenthalt möglichst problemlos zu gestalten." Nonsens, sie trauen ihren vornehmen Gästen nicht. Im Bad hängt ein Hinweis, dass die Bezahlung mit privaten Schecks nur möglich sei, wenn einige Tage Zeit zum Kontrollieren blieben. Da es am Morgen schon fast 30 Grad warm und die Terrasse im Garten bereits elegant eingedeckt war, wagten wir den Frühstücksdirektor zu fragen, ob denn ein *Petit déjeuner* draußen möglich sei. Nein, war die Antwort, das gehe nicht, weil es nicht geplant sei. Dabei zieht er beleidigt die Augenlider hoch, rümpft die Nase. Der Wahlspruch des Gründers Cäsar Ritz ist in Vergessenheit geraten: „Der Gast mit allen Wünschen sei dem Gastgeber heilig."

Es gibt aber ebenso viele positive Erlebnisse zu schildern, die in der Branche nachahmenswert sind, von engagierten Hoteliers, die nicht ausschließlich den schnellen Profit suchen, sondern den Gast in den Mittelpunkt ihrer Bemühungen stellen, von Mitarbeitern, die nicht nur einen Job tun, sondern Service, Pflege des Gastes als Passion ansehen und von Hotels, die allein schon die Reise wert sind oder die zumindest jede Reise angenehm machen. Weil Hotels auch Bühnen sind, auf der die unterschied-lichsten Stücke inszeniert werden, die das Leben schreibt, habe ich Geschichten von besonderer Freu-de, von Enttäuschung, großem Engagement, Kuri-ositäten, Genuss und Erotik zusammengetragen. Alles wie im wirklichen Leben. Das tatsächlich so schwierige Geschäft der *Hospitality*-Branche wird von der breiten Öffentlichkeit ganz anders gesehen. Wer zu Geld gekommen ist, träumt von einem eige-nen Hotel, da gibt es unzählige Beispiele. Wer gerne reist, will zumindest über Hotels mitreden, ähnlich wie die ganze Nation Bundestrainer im Fußball spielt. Mittags hatte Stefan Effenberg, lange Zeit die Reizfigur im bezahlten deutschen Fußball, nach Dissonanzen mit dem Trainer den Krempel hingeschmissen und seine aktive Sportkarriere vorläufig beendet, am Abend desselben Tages rief er einen befreundeten Hoteldirektor an und fragte, ob er denn nicht mit ihm zusammen in Florida ein Hotel bauen und führen wolle. Dabei betonte *Effe* den Gedanken des gemeinsamen Managements, weil ihm das Spaß machen würde. Wie viele andere auch, die ein paar Hotels kennen, fühlte er sich einfach dazu berufen, Hoteldirektor zu spielen. Das bisschen Service ist doch wohl die einfachste Sache der Welt. Verständlich ist die Zuneigung durchaus: Doch kein anderes Geschäft ist so faszinierend, aber auch so schwierig, wenn man wirklich mehr als nur ein Bett für die Nacht offerieren möchte. Wer einmal infiziert ist, verliert den Blick dafür, Bedenken als Hürden zu erkennen. Max Grundig investierte Unsummen in die „Bühlerhöhe". Die texanische Ölmilliardärin Caroline Rose Hunt, mit viel Sinn für Eleganz und Schönheit gesegnet, steckte ihr Geld in Ketten eleganter Boutiquen und Fitness-Center. Später entdeckte sie ihre Leidenschaft für Hotels und gründete die „Rosewood"-Gruppe. Aus einem alten „Herrenhaus an der Schildkrötenbucht" ließ sie Amerikas Hotel des Jahres, „The Mansion on Turtle Creek", bauen. Der reichste Mann der Welt, der Sultan von Brunei, ist in etlichen Branchen aktiv.

Aus persönlicher Freude investierte er in ein abgewirtschaftetes Hotel. So wurde das Londoner „The Dorchester" nach jahrelangen Umbauten in die Spitzengruppe internationaler Grandhotels zurückgeführt. Millionen Waffelkäufer haben William B. Johnson aus Atlanta zum Milliardär gemacht. Er erfüllte sich seinen Lebenswunsch und erstand das erste Grandhotel, das Cäsar Ritz auf amerikanischem Boden erbaut hatte, das „Ritz-Carlton" in Boston. Nach einigen Jahren wuchs aus dem teuren Hobby eine ganze Hotelkette. Vielleicht ist es auch für derartige Enthusiasten hilfreich, zu lesen, warum es so schwierig ist, aus einer normalen eine außergewöhnlich gute Übernachtungsadresse zu machen. Und was zum guten attraktiven Service gehört, ohne die Profitabilität aus den Augen zu verlieren. Zwei Hinweise mögen mir gestattet sein: Dies soll und kann kein weiterer Guide, kein zusätzlicher Hotelführer mit Bunte-Bilder-Hochglanzgalerie sein, sondern ein Leitfaden für alle, die Hotels faszinierend finden, und hoffentlich für junge Menschen, die einen der Hotelberufe als persönliche Herausforderung angehen und dabei Service als eine Art von Kunst betrachten. Der Gast soll seine Wünsche erfüllt bekommen, bevor er sie ausgesprochen hat. Das war eine Forderung von Cäsar Ritz an seine Mitarbeiter und wurde fast ein Jahrhundert später vom Ritz-Carlton-Visionär Horst Schulze ins Credo seiner Gruppe geschrieben, die zu einer der besten der Welt wurde.

In fremden Betten habe ich die Kolumnenfolge in der WELT am SONNTAG genannt und so lautet auch der Titel des Buches. Als Unterzeile mögen Sie „Was man auf Cornell niemals lernt" (der bedeutendsten Hotelfachschule der Welt) einsetzen. Das macht deutlich, dass es dabei nicht um nachgekaute Schulweisheiten geht, sondern um Erkenntnisse aus persönlichen Erfahrungen, um Erlebnisse, die übertragbar sind und um Überzeugung. In gar keinem Fall will ich dabei zum Ausdruck bringen, ganz oben auf dem Berggipfel reiner Wahrheit und unumstrittener Objektivität das Geschehen der internationalen Branchenszene bewerten zu können. Völlige Emotionslosigkeit und lupenreine Sachlichkeit mag ich nicht vortäuschen. In dem Punkt soll die Cornell-Universität in Ithaka bei Buffalo im Staate New York konkurrenzlos bleiben.

Heinz Horrmann

Pikant, aber neben dem Mittelstreifen

DIE EROTISCHE NULL-NUMMER IM LEADING HOTEL VON RIO

Hand aufs Herz, wohin eilen Ihre Gedanken, wenn Sie den Titel „In fremden Betten" lesen? Die Verbindung führt wahrscheinlich erst einmal zu Bettgeschichten, zu pikanten Enthüllungen mit dem Hauch von Verruchtheit, zu Storys neben dem Mittelstreifen biederen Alltags und erst im zweiten Zugriff zu Hotelbewertungen, zu Ambiente, das Atmosphäre schafft, zu liebenswerten Serviceleistungen. Nun muss das eine das andere nicht zwingend ausschließen. Bleiben wir für eine Folge einmal beim ersten Gedanken, bei Hotels als Verstecke für lustvolle Heimlichkeiten und dem Service gefallener Engel. Kein Hotelier verlangt heutzutage bei anreisenden Paaren eine Ehebescheinigung und für allein reisende Herren, die ihre Einsamkeit kurzzeitig zu unterbrechen gedenken, haben die meisten Concierges einen gut funktionierenden „Alarmplan". Nicht aus ganz selbstlosen, hochedlen Motiven, sondern weil bei Hilfe in der Not der *tip* am großzügigsten ausfällt.

Im ehemaligen Paradehotel der DDR, dem „Grandhotel" in Berlins Mitte, das heute von Sternlichts „Westin-Gruppe" gemanagt wird, gehörte der staatlich geförderte Spaß auf weißen Laken weniger zum Kundenservice, sondern diente dem intimen Spitzeldienst und war ein Vehikel der Spionage. Nach der Wende wurden die versteckten Kameras und Wanzen in Zimmern und Suiten demontiert, der politische Spannerdienst eingestellt. In den Aufzeichnungen fanden sich zahlreiche Prominente aus Sport, Show und Politik, ausdauernd und detailgenau in fremden Armen aufgenommen. Unfreiwillige Hauptdarsteller gnadenlos ausgenutzter Bettgeschichten.

Ungleich angenehmer, pikanter und oft luftigleicht wie die blütenweißen, zarten Vorhänge der Ian-Schrager-Hotels sind die verschwiegenen, heimlichen Treffen mit *Privacy*-Zeichen „Nicht stören" an der Zimmertür.

Die *Lost and Found*-Abteilungen vieler Hotels sind vom Management angehalten, vor Nachsendung vergessener Dessous oder Ohrringe erst einmal beim Kunden nachzufragen, vorausgesetzt, er ist bekannt oder hat seine Telefonnummer hinterlassen. Diskretion gehört auch bei den Treffen der Lust zu den wichtigsten Grundregeln eines ordentlichen Hotelmanagements. New Yorks Exbürgermeister Rudy Giulianis amouröse Hotelgeschichten, sein mittägliches Privatprogramm im Fünf-Sterne-Hotel „St. Regis" – damals war er noch erfolgreich im Amt – brachten den österreichischen Hoteldirektor um seinen Job. Nicht weil er Giulianis Blitzeinsätze in fremden Betten als unmoralisch gegeißelt hätte, nein, er hatte die gezielte Indiskretion seiner PR-Dame, die mit dem Geheimnis des Bürgermeisters das Hotel in die Schlagzeilen der NY Post bringen wollte, abgesegnet. Dumm gelaufen.

Das wird sich auch der Vorstandsvorsitzende eines bedeutenden deutschen Dienstleistungsunternehmens gesagt haben, der gemeinsam mit einem Freund zwei wunderschöne kaffeebraune Brasilianerinnen in seine Suite im „Caesar Park-Hotel" an Rios heißem Strand Ipanema zum Champagner und zumindest erträumten innigen Völkerverständigungsprogramm eingeladen hatte. Die kaffeebraunen Schönen der Nacht hatten aufregende Formen, ihre Kleidung war mehr eine Entkleidung und sie waren sanft und feurig zugleich. Die Vorfreude war prickelnd wie der Karneval in Rio, die Wirklichkeit aber gnadenlos. Sicherheitskräfte im Haus, die aus Sorge um das Wohl der Gäste in der Lobby wachsam beobachten, wer da eingeschleust wird, hämmerten an die Tür und beendeten die blaue Stunde, die zur rabenschwarzen geworden war.

Einer der Sittenwächter, die ähnlich konsequent das Hotel als moralische Festung erhalten, ist

Kurt Wachtveitl, der deutsche Hoteldirektor, der in 33 Jahren das „Oriental Hotel" in Bangkok zur Legende machte und auf höchstem Niveau hielt. Hier hat der Concierge keine Chance, gefallene Engel zu vermitteln. Das führte zu einem Zwischenfall, der mit jedem Weitererzählen ein bisschen pikanter wurde. Gesichert ist: Ein *Security*-Mann war zu *Mister Kurt* geeilt und hatte ihn darüber informiert, dass genau in der Hotelvorfahrt eine schwarze Limousine parke und sich im Rhythmus wiege, weil zwei darin sehr aktiv seien. *Mister Kurt* nahm den Wagen in Augenschein und erkannte darin einen Stammgast, einen führenden Champagnerproduzenten aus Reims, mit seiner schönen Freundin. Kurzerhand ließ der Hoteldirektor eine Garde von Pagen rund um das Auto platzieren und schirmte es vor neugierigen Blicken ab, bis es wieder in Federn und Dämpfern ruhte. Für gute Gäste muss man halt auch mal flexibel reagieren.

„Bitte, Ihre gebügelte Zeitung!"

GANZ AUSGEFEILTER SERVICE IN ECHTEN GRANDHOTELS

Bevor der Gast aus Fernost in der Präsidentensuite der Hotellegende „Adlon" seine Tageszeitungen überreicht bekommt, werden die Blätter von Dirk „Ricardo" Dürner aufs Brett gelegt und abgebügelt. Nicht um Falten zu beseitigen und holperige Überschriften glatt zu ziehen, nein, der werte Gast soll nur keine Druckerschwärze an den Fingern haben. Ricardo ist der Butler und dann im Einsatz, wenn eine der beiden Paradesuiten des Berliner Fünf-Sterne-Plus-Hotels gebucht wird. Die gebügelte Zeitung ist nicht das einzige ungewöhnliche Serviceelement, das in keinem Lehrbuch steht und in keiner Hotelfachschule gepredigt wird. Ricardo hält beispielsweise in einem Abstellraum einen Friseurstuhl auf Rollen bereit, falls sich die Gäste in den eigenen Räumen frisieren oder rasieren lassen wollen, Briefpapier und Visitenkarten natürlich auch. Bevor

Hans Mahr, der RTL-Chefredakteur, sein Lieblingshotel „Mandarin Oriental" in London bezieht, haben die Techniker dort ein Spezialkabel für RTL Deutschland gelegt und den Sender programmiert. Mahr ist voll im Programm. Mit dem Ergebnis, dass der Österreicher auch bei günstigeren Angeboten niemals das Hotel wechseln wird, wenn er die britische Hauptstadt besucht.

Im „Hotel Mulia" in Jakarta war ich überrascht, dass Dalí-Gemälde die Wände meiner Suite zierten, wo ich doch Werke des eigenwilligen Malers liebe und sammle. Später erfuhr ich,

dass das Management bei Stammgästen stets den persönlichen Geschmack abfragt und in ein Stammblatt einträgt. Wenn immer sich die Chance bietet, wird vor der Ankunft neu (und wertvoll) dekoriert. Egal ob nun Rubens, Picasso oder Andy Warhol: Wo das Hotel keine Originale besorgen kann, werden perfekte Reproduktionen angebracht. Zur individuellen Betreuung und besonders gutem Service gehört auch, dass angekündigte Gäste bereits nach der Ankunft auf dem Flugplatz abgelichtet werden und die Fotos von einem Kurier im Eiltempo ins Hotel transportiert werden. Die Porträts, verbunden mit dem Hinweis auf die Aussprache des Namens, erhalten alle Mitarbeiter. Es sind oft nur liebenswerte Kleinigkeiten, die den ordentlichen Hotelaufenthalt zu einem außergewöhnlichen machen. Bei Hans Willimann, dem Schweizer Generaldirektor des „Four Seasons Chicago", bekommen nicht nur die VIPs Saft oder Tee mit dem dekorativen Namensetikett des Gastes aufs Zimmer gestellt – zum Blumenstrauß, versteht sich, denn Blumen sind Leben. Die ganz besonderen Kunden finden zusätzlich eine persönliche Streicheleinheit aus der Patisserie: Bill Ford ein altes T-Modell aus Zuckerguss, Colin Powell einen Panzer aus Schokolade, wobei der schalkhafte Patissier das Kanonenrohr zu einem Knoten verflochten hat, und Donald Trump einen schlanken Tower aus Karamell. Als ich mein Gästeblatt ausgedruckt bekam, empfand ich das schon als ein bisschen peinlich. Da stand mit Ausrufezeichen: Trinkt am liebsten alten Bordeaux und den 90er Dom Pérignon!

Worüber ärgern sich Hotelgäste seit Cäsar Ritz' Zeiten? Natürlich über unfreundlichen Service oder unfunktionelle Badezimmer. Einen Spitzenplatz auf der Beschwerdenliste der Vielreisenden belegt auch die Regel, bis zwölf Uhr, allerspätestens dreizehn Uhr das Zimmer verlassen zu müssen. Wer als Gast am Vortag spät angereist ist, bekommt für sein Geld einen spürbar reduzierten Gegenwert. Ein Berliner Hotelier hat seit letztem Jahr mit diesem Missverhältnis aufgeräumt. „Four Seasons"-Chef Stefan Simkovics setzte für Vollzahler die übliche Check-out-Zeit von zwölf Uhr mittags außer Kraft und bietet den vollen 24-Stunden-Service. Wer also am Nachmittag oder am Abend ins Hotel kommt, kann ohne Mehrkosten bis zum nächsten Abend das Zimmer nutzen und alle Leistungen auskosten.

Die Frühstücksbestellung beim Roomservice gerät in vielen Hotels zum ersten Ärgernis des Tages. „Bringen Sie mir bitte eine WELT am SONNTAG zum Frühstück." – „Bekommen Sie an der Rezeption…" Im Hamburger „Vier Jahreszeiten" weckte dagegen bereits das Gespräch zum Ordern Vorfreude auf Genuss („Darf ich Ihnen auch ein paar exotische Früchte anbieten?"). Was dann serviert wird, übertrifft die geweckte Vorstellung. So schmeckt ein glücklicher Tag.

Etap-Träume aus dem Automaten

WO SERVICE
EIN FREMDWORT IST

Kurt Tucholsky pflegte Hotels als „die lautesten Niederlassungen der Menschen" zu bezeichnen. Auf einige Domizile in der Übernachtungsbranche trifft das immer noch zu: Gemeint sind die Billigprodukte mit pappdünnen Wänden. Bernd Chorengel, der „Hyatt"-Präsident, teilt Hotelbesucher in drei Kategorien ein: Die, die nur ein Bett für die Nacht suchen und dafür Tucholskys „lauteste Niederlassungen" in Kauf nehmen. Die zweite Gruppe, die zwar Lebensart hat, das Genießen aber nach ihrem begrenzten Budget ausrichten muss. Und schließlich die Klientel, die sich mit Luxus verwöhnen möchte und die damit verbundenen Kosten auch verkraften kann. Davon leben die *Leading Hotels,* die *Relais & Châteaux*-Domizile oder die *Small Luxury Hotels*. Natürlich ist das die schönste Form der Hotellerie. Ich wollte aber auch einmal eine Nacht in einem Hotel erleben, das sich ausschließlich über den Preis definiert, der mit 31 Euro unschlagbar niedrig ist. Wie wohnt es sich in einem so genannten Automatenhotel mit schmalen Schlafzellen? Was bekommt der Gast geboten für einen Preis, der niedriger ist als man im Grandhotel allein an Trinkgeld los wird? Ein paar Erfahrungen aus dem Notizblock: Die Zimmernummer 304 und den Geheimcode, um hineinzukommen, liefert ein Automat, der wie die Sparkassendrucker für Kontoauszüge arbeitet. Natürlich schleppt jeder Gast sein Gepäck selbst nach oben, ein Fahrstuhl wäre für den Übernachtungscontainer auf der grünen Wiese nahe der Autobahn zu teuer.

Auf geht's also über winzige Flure, ab in die Einzelzelle. Wo ist der Kleiderschrank? Fehlanzeige. Zwei Bügel am Oberbett. Ich werfe den Kleidersack aufs Bett, weide ihn aus. Im „Four Seasons" oder „Adlon", in den „Althoff"- oder „Ritz-Carlton"-Hotels machen das freundliche Mitmenschen. Wo ist das Bad? Die Plastiktür vor dem Bett ist angelehnt. Dahinter die Toilette ohne Brille und Deckel, unmittelbar daneben eine Dusche ohne Vorhang, die Überschwemmung im Zimmer ist garantiert. Und alles zusammen in einem Plastikcontainer untergebracht. Für ganz Robuste gibt es noch die „Formula-1-Qualität", ebenfalls eine „Accor"-Hotelkette. Da müssen Sie auf den Flur, wenn Sie müssen, und Duschen gibt es auch nur für die Etagengemeinschaft. Erinnerungen ans Pfadfinderlager. Zurück zum „Etap": Die Farbe des Teppichbodens ist schummerig grau-schwarz, das versteckt die schlimmsten Flecken, doch Kontaktlinsen und kleine Schlüssel finden hier ein stilles, ewiges Grab. Die Nacht ist lärmend. Die Nachbarn haben kein Geheimnis, der Parkplatz liegt unmittelbar vor dem Fenster, der Airport nebenan. Ich weiß aus Korrespondenz und Gesprächen: Es gibt ehrenwerte Kunden, die damit kein Problem haben, weil sie mit der Gunst eines unerschütterlichen Tiefschlafs gesegnet sind. Für mich sind es lange Stunden

andauernden Alarms. Jeder kurze Traum spielt im Autokino, jede Wachphase ist ein Hupen, die Tiefschlafphasen rasen auf der linken Spur vorbei. Man ist in seinem Bett mit der steinbodenharten Matratze und dem grau gewordenen groben Bettzeug (das ist das Schlimmste) ständig auf der Durchreise. Ich suche nach der Herpescreme … Der Morgen ist gnädig, das Frühstück grässlich. Trockenes Schwarzbrot mit eingeschweißter, mörtelähnlicher Wurst, auch kleine Stücke Käse gibt es, in Plastik, kolpinghausfarben.

Jetzt ist mir klar, warum großartige Hotels auch Balsam für die Seele sind. Und wozu ist Geld gut, wenn nicht zur Erleichterung und Verschönerung des Lebens? Aber das soll jeder halten wie er mag und nicht – wie in Düsseldorf von „Etap" inszeniert – alberne Protestkampagnen gegen Luxus im Hotel starten. „Wer bestimmt eigentlich, was Luxus ist, Etap etwa?", empört sich der Herausgeber des Magazins *Top hotel*: „Wo Service am Gast ein Fremdwort ist und Logis auf niedrigstem Niveau geboten wird, sage ich spontan: pfui-deifi." Ihm sprechen viele aus der Seele.

Dauergast im Hotel, eine besondere Klientel

LEBENSLANGER LUXUS ODER ARMER POET

Zwischen Plüsch und Prunk empfing mich ein Freund in seinem Wohnzimmer mit Blick auf den Atlantik. Der Raum wirkte unglaublich aufgeräumt, und als es an der Tür läutete, stand da der Kellner im Smoking, der Tee und Gebäck servierte.

Als Schriftsteller noch im Wartestand auf den Erfolg, aber als Erbe bereits mit beruhigendem Kontostand, wohnt er seit einem Jahr in Palm Beach. Nicht in einem Haus oder in einer großzügigen Wohnung, er lebt als Dauergast im Hotel „Breakers", dem mächtigen Palast am Meer, zahlt dafür jährlich eine halbe Million Dollar. Wenn man sich das leisten kann … Ihm gefällt die Anonymität der Herberge, und er mag permanent umsorgt werden. Dauergäste im Hotel, das ist eine ganz besondere Klientel, die sich Hoteliers wünschen, ganz gleich, wie viele Sterne das Haus zieren. „Ich wollte nur einmal erleben, wie es ist, wie ein Star zu leben", sagte einst John Wayne und zog ins „Château Marmont" in Los Angeles. Er blieb jahrelang und lebte alle Märchen vom Schlaraffenland und alle Sehnsüchte nach Geborgenheit in Bett und Bad. Nicht je teurer, desto besser oder umgekehrt: Klasse ist oder hat ein Hotel, wenn es dem Fremden ein Zuhause auf Zeit werden kann, in vielen Fällen auf Lebenszeit. Es sind nicht nur die Reichen und die, die im Erfolg baden. Auch verarmte, heimatlose Poeten finden zu Dutzenden eine billige Bleibe in New York – für, sagen wir, 20 Dollar pro Tag, wo der Heizkörper knackt und man am unruhigen Schlaf des Nachbarn teilnehmen muss. Vor allem Schriftsteller sind es, die irgendwann in ihrer Lebensgeschichte Menschen im Hotel waren oder sind: Jean-Paul Sartre, William Faulkner oder Nathanael West, der seinen ersten Roman im Pariser Hotel „Liberia" verfasste. Und als Oscar Wilde verstarb, legte „sein" Direktor des „Hotels d'Alsace" einen Kranz aufs Grab mit der Aufschrift „Meinem verehrten Mieter".

Zu den Wohlbetuchten, die sich eine Dauerbleibe im Luxushotel leisten können, gehören eine Hand voll Gäste im „Bayerischen Hof" in München. So bettete sich der Siemens-Patriarch über Jahre in seiner Suite, für die er 360 Tage im Jahr den Übernachtungspreis abzüglich eines geringen Rabatts zahlte. Wer sich hier, am schönsten

Standort der bayerischen Metropole, mit einem einzelnen Zimmer zufrieden gibt, bekommt als Tagespreis die ermäßigte Wochenendrate in Rechnung gestellt. Dafür findet er frei Haus eine neue Identität. Man braucht nur Dauergast zu werden, um König zu sein. Viele bedeutende Männer wohnten ihr Leben lang oder eine lange Strecke im „Oriental" in Bangkok. Nach ihnen sind die meisten Suiten im alten Teil des Hotels, dem „Author's Wing", benannt: James Michener, Noël Coward, Barbara Cartland, Graham Greene und Somerset Maugham. Letzterer traf damals, 1923, aus Chiang Mai ein, die Begrüßung im Hotel war mehr als unterkühlt – auf seiner Reise hatte er sich mit Malaria infiziert. Die Managerin des Hauses war nicht begeistert, einen schwer kranken Gast aufzunehmen. Egal, ob berühmter Schriftsteller oder nicht. In seinem 1930 erschienenen Buch „The Gentleman in the Parlour" – mit der Aufzeichnung der Reise – schrieb er über seine Fieberträume: „Monströse Pagoden und große, schillernde Buddhas brachen über mich herein, und dann hörte ich die Managerin zum Doktor sagen: »Ich kann es mir nicht erlauben, dass der hier im Hotel stirbt. Sie müssen ihn irgendwo hinbringen.« Dem Doktor gelang es aber, einen Aufschub von zwei Tagen zu erreichen, in denen das Fieber dann verschwand. Mein Geist, mein Kopf erschienen wunderbar befreit und so beschloss ich, Dauergast in diesem Hotel zu werden." Doch nicht nur hier wohnen Glückseligkeit und Katastrophen Wand an Wand. Der deutsche Altrocker Udo Lindenberg fühlt sich nur im Hotel wohl. Der Hutträger wohnte jahrelang im Hamburger „Hotel Atlantic". Eine Zeitung formulierte, dass er mit der Zeit die Bar des Hotels für sein Wohnzimmer hielt. Inzwischen ist er nach Berlin weitergezogen, aber seiner Wohnphilosophie treu geblieben. In Amerika, wo so viele Trends wachsen, die wie mit den Wolken zu uns herüberziehen, steht das Zuhause in schönen Hotels in voller Blüte. Im „Plaza Hotel" gehört nahezu ein Drittel der Gäste zu den *permanent residents* – wie die Nachkom-

men der Vanderbilts, eine der ersten Familien in New York. Das Hotel „Carlyle", auf dem vornehmen Teil der Madison Avenue, avancierte durch großartige Ausstattung ebenfalls zum Domizil für Dauergäste. Schon John F. Kennedy lebte hier, obwohl er in Neuengland einen Familiensitz hatte.

Beispiellose Ideen und ein verzweifelter Direktor

WAS SICH HANS WILLIMANN SO ALLES EINFALLEN LÄSST

Ich bin unterwegs, ich bin fremd und in der Hotelhalle wird in dem Moment meine Stimmung für die nächsten Stunden festgezurrt. Jetzt entscheidet sich, ob ich fremd bleibe oder ob ich für kurze Zeit ein Zuhause fernab von daheim finde. Alle Träume von anderen Leben, alle Mythen von göttlicher Art der Gastfreundschaft, alle Märchen vom Schlaraffenland, alle Sehnsüchte nach Geborgenheit in Bett, Bad und manchmal Bar werden wahr oder zerplatzen wie Luftballons. Der für mich ideenreichste Hotelier ist Hans Willimann aus dem „Four Seasons" in Chicago, weil seine persönlichen Extras den Aufenthalt in seinem Hotel zum Erlebnis machen. Überall in seinem Hotel stehen wunderbare Blumensträuße. Und da die im eiskalten Winter aus dem Treibhaus kommen, ließ Willimann jeweils unter dem Tisch den Duftspray der jeweiligen Blüten mit Zerstäuber anbringen. Es duftet überall wie auf einer Sommerwiese. Im Zimmer stehen nicht nur bei VIPs Lieblingsweine, Saft oder Tee mit einem dekorativen Namensetikett. Bei jedem Besuch hat er wieder eine ganze Liste von Genuss in kleinen Portiönchen parat. Stillstand ist Rückschritt. Und weil die Gästezufriedenheit, das ist mit Zahlen schon oft belegt worden, enorm steigt, wenn die Mitarbeiterzufriedenheit groß ist, hat er für die 500 fleißigen Helfer in seinem Team ein Superbuffet eingerichtet, das rund um die Uhr geöffnet ist und immer wieder nachgelegt wird. An der Gegenwand des Personalrestaurants ist eine Vitaminbar mit voluminösen Früchtepressen aufgebaut. Das macht Willimann natürlich nicht ganz selbstlos, ebenso wenig wie die kostenlose Grippeimpfung, die den Krankheitsstand ganz unten hält und die 2 500 Uniformen, die das Team stets proper wie aus dem Ei gepellt aussehen lässt. Bei jeder Gästebefragung wird dieses Erscheinungsbild besonders hervorgehoben.

Kommen wir zu einem für mich als Vielreisenden nicht unproblematischen Thema: Kinder im Hotel. Ich gestehe, dass sie für meinen Geschmack oft laut und nervend sind und alles andere als eine glückliche Geschichte. Für Hans Willimann sind sie kein lästiges Übel, sondern die Zukunft. Kinderfreundlichkeit ist im „Four Seasons" Marketingstrategie, aber auch überzeugend herzlich. Am Kinderbuffet bekommen die Kleinen, was sie gerne möchten, und nicht, was die Erwachsenen glauben, ihnen auf den Teller legen zu müssen. So gibt es zum Frühstück Erdnussbutter und viele knallbunte Marmeladen, mittags die aus der Fernsehwerbung bekannten käseüberbackenen Makkaroni. Zusätzlich erfand der Schweizer den *icecream man*, der mit einem gewaltigen Eiswagen mit Früchten und Liebesperlen, Schokolade und anderen Süßigkeiten von Zimmertür zu Zimmertür fährt, wo Kinder wohnen, und mit einem riesigen Eisbecher für Freude sorgt.

Ungewöhnlich ist der ständige Tisch für sechs bis acht Genießer in der Küche, das Spezialprogramm für Alleinreisende und seine ständig wechselnden Wellnessideen. Perfekt ergänzt wird das Entspannungs- und Massageangebot durch die private Spa-Anwendung in den Gästebädern. Exquisite Badevergnügen mit Mineralien, angereicherten Badesalzen und pflegenden Ölen werden allen Gästen offeriert. Wird hier nun die so oft als höchstes Ziel vorgegebene Perfektion erstmals erreicht? Nein, gewiss nicht. Selbst Kreativen in Sachen Wohlbefinden wird immer wieder deutlich, dass jede Philosophie, jedes Credo und Gästeservice nur so gut sind, wie sie der einzelne Mitarbeiter am Gast umsetzt. Ist der rührige Hausherr nicht gegenwärtig, hält sich auch in diesem Hotel die allgemeine Gästepflege und Freundlichkeit in Grenzen. Als ich ohne Willimann am Tag nach seinem für mich veranstalteten Feuerwerk, diesmal als ganz normaler Gast, ohne Voranmeldung meiner Frau die herrliche Lobby zeigen und mit ihr einen Cappuccino genießen wollte, wurde ich barsch in die Bar abgewiesen, wohl, weil der Verzehr zu gering war. Bob, der Barkeeper, verrichtete seinen Dienst missmutig und schleuderte die Tasse nach Diskusprinzip auf den Tisch, ebenso grußlos wie die Hilfskräfte um ihn herum. Am Vortag hatten sie noch wie eine Garde von liebenswerten Überzeugungstätern in Sachen Servicebereitschaft Spalier gestanden.

Die totale Gästepflege, geradezu als zentraler Mittelpunkt des Lebens, wurde in der Geschichte der Hotellerie nur einmal bekannt. Im „Houshi Ryokan", das im japanischen Awazu-Onsen liegt. Hier ist der Gast seit 1 300 Jahren heilig. In dem Hotel wie aus dem Bilderbuch mit Böden aus Tatamimatten, Futons zum Schlafen, Schiebetüren aus Papier und Kimonos für Besucher. Gab es in 64 Generationen nur höchstes Lob und Begeisterung – bis auf ein einziges Mal – da schränkte ein Stammgast ein, dass diesmal ein wenig die Seele gefehlt habe. Der diensthabende Direktor soll sich danach in sein Waldhaus zurückgezogen haben und nach altem Ritual Harakiri begangen haben.

„Man versehe mich mit Luxus …

…AUF ALLES NOTWENDIGE KANN ICH VERZICHTEN", FORMULIERTE OSCAR WILDE

Was ist Luxus heute? Die einfachste Antwort könnte lauten: Die Kunst, sich mit genau dem zu umgeben, was man liebt, natürlich ganz besonders auf Reisen fernab von Zuhause, was aber wahrlich nicht lebensnotwendig ist. Für die persönliche Inszenierung des Lebens, in der Lebenskultur, wie sie mit den drei großen Schlagworten des Genießens beschrieben wird: Essen, Trinken, Lieben, ist das Hotel ein ganz besonderer Hort. Luxushotels definieren sich durch traditionellen Charme und die Kunst, die Wünsche des Gastes zu erfüllen, bevor er sie ausgesprochen hat. Es ist diese Kategorie von Nobelherbergen, die Vielreisende so begeistern, selbst wenn sie aus Kostengründen nur davon träumen, vielleicht weil sie einmal einen Zipfel des Glücks beim Tee im „Peninsula" Hongkong oder einen Drink an der Bar des Pariser „George V."

erwischt haben. Jeweils das Hotel, wo Sie sich gerade persönlich glücklich fühlen, wo Sie grundweg zufrieden sind und das Sie nach finanziellem Aufwand, den Sie bereit sind zu tragen, ein optimales Preis-Leistungs-Verhältnis finden, ist für jeden Einzelnen sein „bestes Hotel". Über diese subjektiven Kriterien hinausgehend fragen viele Leser an, was nach den Erfahrungen denn nun meine persönlichen Top Ten der Stadthotels und der besten Ferienresorts sind. Alles andere als eine leichte Aufgabe, weil auch bei mir die frischesten Eindrücke stets die stärksten sind. So bleibt es der Versuch einer Wertung, ohne Garantie auf Unumstößlichkeit. Meine internationale Parade der Stadthotels: Die „Four Seasons" in Chicago und Paris (George V.), das „Grand Hyatt" Schanghai, die „Ritz-Carlton" New York (Central Park South), Singapur, San Francisco und das „Mulia Hotel" Jakarta, nach wie vor das gerade renovierte „Oriental" in Bangkok sowie die „Peninsula"-Hotels in Hongkong und Bangkok. In Deutschland führt das „Adlon" meine persönliche Liste der Stadthotels an, auf der das „Vier Jahreszeiten" in Hamburg, das „Schlosshotel Bensberg" (bei Köln) der Althoff-Gruppe und das „Ritz-Carlton" Wolfsburg Spitzenplätze haben, in die auch das Berliner Hotel mit dem Löwenkopf aufsteigen kann. Bei den internationalen Resorts gibt es noch mehr Favoriten: das „Begawan Giri" (Bali), das „Amanpulu" (Philippinen), „Four Seasons" – Bali und Neves, „Aman nusa" und „Amankila" (Bali), das „Bora-Bora"-Hotel, das „Ritz-Carlton-Resort" – Naples in Florida, „Frégate Island Private" (Seychellen), „Banyan Tree" (Malediven) und die „Singita-Lodge" (Südafrika). Und bei Europas Ferienhotels? Da hat das „Victoria-Jungfrau" in Interlaken eine gleichermaßen hohe Akzeptanz wie auf Sardinien immer noch „Cala di Volpe" und „Pitrizza", das britische „Chewton Glen" und das „Splendido" in Portofino. Von den deutschen Urlaubsadressen zählen nach wie vor „Bareiss" und die „Traube Tonbach" (beide in Baiersbronn) in jeder Beziehung zum Elitekreis, auch „Brenner's Park Hotel", die Schlosshotels „Bühlerhöhe" und „Lerbach". Die eleganteste Kombination aller deutschen Hotels mit den Posten Wellfit auf der einen Seite und optimal geführtem Stadthotel andererseits hat für mich der „Nassauer Hof" in Wiesbaden gefunden. Dazu eine Küche, die seit 25 Jahren einen Michelin-Stern hat. Wenn es nicht um individuelle Einzelhotels, sondern um die rund 4 000 Hotelgruppen, -zusammenschlüsse und -vereinigungen rund um den Erdball geht, sind nur die Häuser der zehn Besten im Gespräch, die sich, sozusagen, in einer Champions League formieren. Nimmt man den Schnitt der unterschiedlichsten Hotelbewertungen (immerhin zehn internationale) von *Cunard Travel Guide* über die Leserwahl bei *Condé Nast Traveler* bis zur Weltrangliste von *Institutional Investor* zeigt sich die Folge der Besten stabil: „Four Seasons", „Ritz-Carlton", „Peninsula", „Mandarin Oriental", „Hyatt International" (stärkste Aufwertung), „Rosewood", „Aman-Resorts", „Orient-Express Hotels", „Shangri-La", die „Luxury Collection" von Starwood und Fairmont (die Gruppe, die das „Turnberry Isle" übernommen hat) gehören zur Spitze. Von den zahlreichen deutschen Gruppen ist die Kollektion von Dr. Oetker („Brenner's Park Hotel", „Bristol" etc.) am höchsten einzustufen, doch auch die stabile

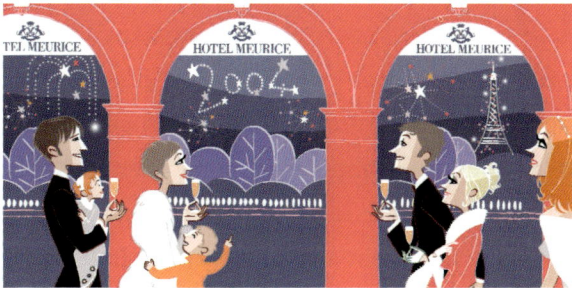

„Arabella-Sheraton"-Kette und die „Althoff-Hotels" sammeln Pluspunkte. Klasse hat mit Größe oft wenig zu tun. Denn was die Zahl der Hotels angeht, dominieren die „Holiday Inns" noch immer, davon gibt es weltweit 2 800. Gesprochen wird selten darüber, sie sind einfach da. Auch ein Superlativ.

Wohlergehen hinter der Anden-Kette

DAS GRANDHOTEL IM ENTLEGENSTEN WINKEL

„Das Gestern ist nur ein Traum und das Morgen eine Vision, aber der heutige Tag, gut gelebt, macht aus jedem Gestern einen Traum vom Glück. Und aus jedem Morgen eine Vision der Hoffnung. Daher achte gut auf den heutigen Tag." Diese kluge Tageslosung auf einem Kalenderblatt, die mein Nachbar in der Lufthansa-Maschine aus seiner Zettelwirtschaft zauberte, passte geradezu vorzüglich zum großartigen Naturerlebnis, das da unter uns als Belohnung für einen endlos langen Flug vorbeiglitt. Die Anden, der wildeste aller Bergzüge, 5000 km lang und bizarr, sind in der kalten Zeit schneeweiß, ein Wintermärchen, und zeigen wie mit Tusche nachgezogene Kontraste im Sommer, wenn nur die Bergspitzen Schneehauben tragen. Zu jeder Jahreszeit Faszination pur. Eine Stunde später landen wir in Santiago. Santiago, das ist

Chile und Chile ist Santiago. Allein 6,5 von 15 Millionen Menschen leben im Großraum der Hauptstadt, so ziemlich in der Mitte des längsten Reiselandes der Welt. Die Stadt ist so eindrucksvoll sauber wie Naples, Florida, das gern als das cleanste Fleckchen Amerikas bezeichnet wird. Die Architektur entwickelt sich umwerfend wie in Chicago, mit Hochhäusern, die dem Chrysler Building in New York gleichen, oder dem Segel-Bau Burj Al Arab in Dubai. Chile ist im Gegensatz zum Rest Südamerikas reich. Nahezu eine Million Santiagoer leben in eigenen Häusern und Wohnungen. Das Land ist so anders, so ungleich erfolgreicher als die Nachbarn.

Wir wohnen in einem Fünf-Sterne-Hotel mit der äußeren Optik eines Designer-Domizils, das gerade als erstes chilenisches Hotel (und erst das dritte in Südamerika) mit dem *Five Star Diamond Award* der *American Academy of Hospitality Sciences* ausgezeichnet wurde. Es ist vom Interieur-Design ein „Ritz-Carlton" der frühen Konzeption: englische Clubatmosphäre, edle Hölzer, Ölgemälde an den Wänden, großer Weinclub und *five o'clock tea* am Nachmittag. Da ist dann eines der größten Schokoladenfondues im Einsatz. Über einen Brunnen mit mehreren Ebenen läuft die flüssige Schokolade. Damenkränzchen, für den Nachmittag bereits elegant herausgeputzt, haben sich in die Nähe gesetzt und genießen Fruchtstücke, die sie in die süße Sauce eingetunkt und so mit Schokolade glaciert haben. Das Bett hatte für mich die beste Matratze, die ich in letzter Zeit erlebt habe, und, was auf der anderen Seite der Welt nun wirklich nicht selbstverständlich ist, Daunen oben, Daunen unten. Und da es in Santiago auch im Hochsommer in der Nacht abkühlt, war herrlicher Schlaf gewiss. General Manager des 205-Zimmer-Hotels im Stadtteil Las Condes ist James Huges, sein Küchenchef, ein junger Hamburger. Die sympathische Truppe macht einen erstklassigen Service. An den lauen Abenden bis Juli (in unserem Hochsommer beginnt der chilenische Winter) wird auf der Terrasse angerichtet: feines Porzellan, viel Sterlingsilber, Orchideen als Tischschmuck.

Dass die Weinbar allabendlich gut besucht ist, liegt am besonderen Verhältnis der Chilenen zu edlen Kreszenzen. In keinem anderen Land expandiert die Weinbranche wie hier. Der Sommelier hat zu einer Degustation eingeladen. Den großen Vergleich Chile gegen das Vorbild Bordeaux wird mit einem knappen Sieg für den 2000er Chadwick Vina Errázuriz (Valle del Maipo) abgeschlossen. Gleichauf mit dem Château Lafite kommt der Sena aus der Gemeinschaftsproduktion von Errázuriz und Mondavi.

Für Gäste, die den weiten Weg von Europa hinter sich gebracht haben, organisiert das Hotel Reisen durchs Land, Besichtigung der großen

Weingüter und ebenso eine Runde Golf auf wunderschönen Plätzen in 1000 Metern Höhe. Das Besondere daran: In der dünnen Luft fliegen die Bälle deutlich weiter als auf deutschen Fairways.

Zur anschließenden Entspannung und um den kleinen Hunger zu stillen, lädt die Club-Lounge ein. Die Konkurrenz ist das „Grand Hyatt" mit großzügiger Gartenanlage, Wasserfällen, exotischen Cafés und einem gewaltigen Atrium. Hier bekamen wir einen weiteren Beweis, wie die Wirtschaft boomt und die Deutschen auf der Suche nach neuen Märkten Chile entdeckt haben. Beim Absacker in der riesigen Lobbybar, wo ständig Betrieb ist, begegnete ich hier am Ende der Welt dem Porsche-Vorstandschef Wendelin Wiedeking und Anton Hunger, einem erfolgreichen deutschen PR-Manager. Auch sie bereiteten Präsentationen für einen zukünftigen Markt vor. Chiles blaue Steine, Quarzit, und die Handarbeiten, wie verzierte Gürtel und Hüte, sind als Mitbringsel schön und gut. Letztlich werden sie nur als Staubfänger herumliegen. Die besten Souvenirs aus Chile sind die Eindrücke aus dem Erlebnisreiseland. Hier aus dem *último rincón del mundo*, dem „letzten Winkel der Welt", so die Übersetzung.

Hand wäscht Hand, wusste schon Goethe

VERRÜCKTE GESCHICHTEN UM DAS TRINKGELD

Als hätte er bei seinem klugen Gedanken das Trinkgeld im Blick gehabt: „Mann mit zugeknöpften Taschen, Dir tut niemand was zulieb'", belehrte der Dichterfürst Goethe, „Hand wird nur von Hand gewaschen. Wenn Du nehmen willst, so gib!" Und selbst bei den Korinthern klingt es, als sei der *tip* damals schon ein beherrschendes Thema gewesen: „Einen fröhlichen, freimütigen Geber hat Gott lieb."

Na ja! Ganz unmaßgeblich meine ich: Was zuviel ist, ist zuviel. Das Trinkgeld-Muss ist zum Ärgernis geworden. Ankunft in Washington, eine der *tip*-Hauptstädte der Welt. Gepäckträger lädt die Koffer auf, ohne zu fragen, steckt zwei Dollar ein, hält die Hand weiter offen – fünf sind selbstverständlich, für 50 Meter. Taxifahrer und der *doorman* vom „Willard"-Hotel, das vor Tradition schon ehrfurchtsheischend ist, weil es bereits vor dem Capitol fertig gestellt wurde, bringen es fertig, ohne die Finger einzusetzen, nur mit dem Blick zu fordern. Das Gepäck kommt aufs Zimmer. Fünf Dollar. Zum Glück habe ich mit einem kleinen Umschlag voll Noten vorgesorgt. In Fünf-Minuten-Abständen folgen die Servicefrau, die einen Kübel voll Eis bringt, der Kellner, der einen süßen Gruß aus der Küche servierte, und die adrette Puerto Ricanerin, die fragt, ob sie noch irgend etwas tun kann. Lächeln, warten, danken. Die nicht enden wollenden Folgen zum *tipen* treiben manchen Reisenden zur Verzweiflung. Schon wieder einer und wie viel gebe ich bloß? Man mag in deutschen Hotels ja manchen Ärger erleben, ein überzogenes Trinkgeldtheater wie in den USA muss hier keiner befürchten. Der Grund liegt auf der Hand: Alle Servicekräfte bekommen Gehalt und sind nicht zwingend auf Trinkgeld angewiesen. Seit ich im historischen Hoteldenkmal „Plaza" in New York, unantastbar wie die Freiheitsstatue, erfahren habe, dass der Kellner gerade mal drei Dollar pro Stunde vom Hotel bekommt, der Kofferträger fünf und damit ebenso zwingend auf *tip* angewiesen ist, um ein Auskommen zu haben wie Timo, der Concierge und Carel der *dog walker* (der professionelle Hundeausführer), musste ich die Richtigkeit des Apostelwortes „Geben ist seliger denn Nehmen" hier zumindest akzeptieren.

Bei Kreuzfahrten, wo Trinkgelder die höchsten Höhen erreicht haben, gehen einige Gesellschaften mittlerweile hin und rechnen den *tip* ihrem All-inclusive-Paket zu, kein Zwang also mehr für Passagiere. Gewiss eine echte Erleichterung. Per Anweisung ist es dem Personal verboten, etwas anzunehmen.

Auf einem „Seabourn"-Schiff habe ich dennoch der Kabinenmaid, die besonders freundlich war, gleich zu Beginn der großen Fahrt einen Schein in die Hand gedrückt, aus herzensreiner Berechnung. Ich hoffte, davon für den Rest der Reise zu profitieren, und sollte Recht behalten. Fortan hatte ich besonders schönes frisches Obst auf dem Teller und abends zwei Pralinen als Betthupferl.

Im ganzen Orient widerfährt einem häufig Ungemach, vergisst man das *Bakschisch,* und in der alten russischen St. Michael's Cathedral in Sitka gewährt der Küster keinem Einblick und Gebet, der nicht vorher die drei Dollar gezahlt hat.

Vielreisende werden gewiss ihre Länderplanung nicht nach Trinkgeldgepflogenheiten ausrichten, denn sonst wäre Japan das absolute Traumland. Es ist die letzte Anti-Trinkgeld-Bastion. *Tip* anbieten ist gleichermaßen würdelos wie das Nehmen. In China richtet sich die Würde schon nach dem Ertrag. Die Verweigerungshaltung hat sich gewandelt, die dienstleistende

Hand darf sogar offiziell bei jeder Hilfe aufgehalten werden. So gesehen wird es die ursprüngliche Motivation, die einmal hinter dem kleinen Bonus stand, nämlich ein herzliches Dankeschön und Belohnung für eine Sonderleistung, kaum mehr geben. In jedem Reiseetat (Nippon-Ziele ausgenommen) sollte der Posten Trinkgeld von vornherein angemessen eingeplant werden, auch für den Fall, dass die Qualität des Services später nicht zufriedenstellend ist. Sinn macht frühes *tipen* als Investition in persönliche Betreuung, wenn man länger bleibt (im Hotel, auf dem Schiff). In einem britischen Pub erlebte ich diesen Grundgedanken, der zum Prinzip erhoben wurde: Ein Kupfertopf stand auf dem Tresen und ein handgeschriebenes Schild mit der unverblümten Anspielung davor: *to improve promptness*. Der Zügigkeitsturbo will vor dem Zünden geladen werden …

Beim Service dümpelt die Queen Mary 2

ZUR TAUFZEREMONIE WAR NOCH SAND IM GETRIEBE

Schluss mit Feiern, Festreden und Champagner. Irgendwann reicht es. Dann hat dich der lange Reisetag, verschärft durch den Flug mit der unfreundlichen BA, ewige Busanfahrt nach Southampton, warten und der Queen applaudieren, endgültig geschafft. Du bist platt, sehnst dich nur noch nach Daunen und Ruhe. Ganz am Rande registriere ich britische Servicekühle, wie Eiswürfel auf Stahl. Kein Willkommensgruß in der Kabine, keine Grünpflanzen, Obstkorb, rein gar nichts. Gemütlichkeit wie in einem Schraubenlager. Nein, eine gute Nacht, wie sie mir der Kabinensteward auf der „Queen Mary 2" im Vorbeigehen zugeraunt hatte, wurde es auch nicht. In der Kabine 630 auf dem 6. Deck des teuersten, größten, aufregendsten Passagierschiffs aller Zeiten rauschte und rumorte es in den eingelassenen Wasserrohren zum Wintergarten.

Gegenüber auf dem Gang knallte ununterbrochen die schwere Eisentür, die zu den Personalräumen führt, ungebremst und ohne Dämpfer. Das riss mich aus allen Träumen. Die Klimaanlage lässt sich nicht abstellen, es pfeift rau. Dabei könnte man bei offener Tür zum Balkon – das Beste bei einer Schiffsreise – so herrlich frische Seeluft genießen. Die Größe der Kabine lässt sich so beschreiben: Nehme ich einen Rimowa-Koffer mit oder meine Frau? Beides geht nicht. Im Kleiderschrank laufen die Bügel auf Rollen an der Stange – wie in einem Billighotel, diebstahlsicher, so als wären wir eine Reisegesellschaft von Bügelklauern.

Ach, so gern bezeichnen wir Kreuzfahrtschiffe und Linienliner als Grandhotels, die auf den Meeren schwimmen. Dann müssen zumindest die teuersten auch diesem Vergleich standhalten. In meiner Kabine gab es weder ein Fläschchen Wasser noch eine Blume. Blumen aber sind Leben. Unbeirrt behaupte ich dennoch: Die „Queen Mary" ist ein tolles Schiff, ein Erlebnis auf den Wellen, aber auf den unteren und mittleren Decks wird einfach zu wenig investiert. Horst Rahe, Arkona-Chef und See-Reederei Rostock, der seine Aida verkaufte und nun Eigner der Arosa ist (Sie erinnern sich an die TV-Spots mit der roten Rose zwischen den weißen Zähnen einer schönen Frau?), zeigte mir seine Suite auf Deck 9. Von Schnitt und Ausstattung war das ein Unterschied zu den Standard-Kabinen wie das Deck der Auswanderer im Schiffsbauch der Titanic zum Oberdeck des feinen Gesellschaftslebens. Die Taufzeremonie, bevor die „Queen Mary", diese optisch so prachtvolle, schwimmende Stadt, in Richtung Florida auslief, war großartig. Neben mir saß Lord Rownsham und philosophierte ungefragt. Immer wenn die Musik aussetzte, parlierte er über den Leitfaden fürs Leben. Regel Nr. 1: Das Unsinnigste, was ein Mann tun kann, um Geld zu verdienen, sei zu arbeiten. Regel Nr. 2: Der wahre Gentleman sollte nicht vor zwölf Uhr mittags aufstehen und keinen Tag verleben, ohne in seinem Club vorbei–geschaut zu haben. Der Lord gehörte zu den handverlesenen Gästen, die der Queen, die ganz in Pink kam, applaudierten. Bei der Taufe der „Queen Elizabeth 2" vor mehr als drei Jahrzehnten war *Her Majesty* in zartem karibischen Grün gewandet. Die Szenen von damals wurden auf einer riesigen Leinwand vorgeführt, die die Reederei Cunard aufgestellt hatte. Ich habe nicht gezählt, wie oft mir „Ihre Lordschaft" kundgetan hat, wie stolz er auf sein Land sei, auf diese große Seefahrernation. Als wir aber gemeinsam in das Hauptrestaurant „Britannia" gingen und die Luft wie in einer Selbstbedienungsküche penetrant von Fish-and-Chips-Duft schwanger war, da schimpfte er wie ein Seemann auf unkultivierte Lebensart. *Shocking.*

Während ich die Zeilen vom ersten Kennenlernen zusammenfasse, gleitet der Gigant – mit 72 Metern ist die „QM2" höher als die Freiheitsstatue, mit 345 Metern länger als der Eiffelturm hoch – unbeirrt in Richtung Fort Lauderdale. Reine Lebensfreude genießen die Passagiere freilich nicht. Es gibt zwar keine bedrohenden Eisberge wie damals bei der Titanic, aber stürmische Tiefs am laufenden Band. Da schaukelt selbst der größte Dampfer.

Im Liniendienst überquert die „Queen Mary" den Atlantik in sechs Tagen, wo es auf silbernen Schwingen in sechs Stunden geht. Hier wird die Langsamkeit zum größten Luxus. Darum würde ich dieses Erlebnis jedem empfehlen, der bereit ist, den Preis dafür zu zahlen. Bei allen kritischen Anmerkungen: Wenn die „QM2" am frühen Morgen an der Freiheitsstatue vorbeigleitet und die Skyline Manhattans passiert, ist das ein Moment, den selbst routinierteste Vielreisende ein Leben lang nicht vergessen werden.

Himmlischer Hort auf der Insel der Götter

LAUTLOSER SERVICE IM RESORT AUF BALI

Frage an Radio Eriwan: Kann ein Hotel Sehnsüchte wecken, wenn ja, auch stillen? Antwort: Im Prinzip ja, allerdings nur, wenn Gäste eine Antenne für Atmosphäre und Sinnlichkeit haben. Ein derartiges Domizil mit Seele zu erleben, ist wunderbar. Ich wohnte in der „romantischsten Hotelsuite der Welt", so gekürt von Experten mehrerer internationaler Reisemagazine. Einen ordinären Zimmerschlüssel mit schnöder Nummer, wie in Airport-Hotels, gibt es nicht. Die Suite hat einen klangvollen Namen. „Tirta-Ening" heißt mein geliehener Lebensraum auf Zeit, was so viel wie quellklares Wasser bedeutet. Eingerichtet ist die Suite im Tempel Numero eins von „Begawan Giri", hoch oben in den dicht bewaldeten Bergen von Bali. Die heiligen Quellen, nördlich von Ubud sind nicht weit, und tropischer Regenwald mit Riesenfarnen,

Palmen und Blütenzauber zum Greifen nahe. Vergessen wir einmal die gedankliche Hatz nach Hotel-Superlativen, das größte, beste, tollste, ungewöhnlichste und aufwändigste. Friede, Stille, innere Einkehr lassen sich nicht steigern.

Dieses Hotel ist ein himmlischer Hort und Genusstempel zugleich. Dennoch war es für mich nicht eine Liebe auf den ersten Blick. Spät am Abend waren wir angekommen, müde, total abgespannt, und dann begann die lästige Suche nach einem zentralen Lichtschalter. Weil es den einfach nicht gab, mussten alle 24 kleinen und großen Leuchten einzeln ausgeknipst werden, und dann fiel noch ein Lichtschein aus dem Schrank, war es unter dem Bett noch hell …

Den kleinen braunen Frosch in meinem Bad unter freiem Himmel habe ich *Mozart* getauft, wegen seiner kleinen Nachtmusik. Schlafen Frösche eigentlich nie? Mir blieb nichts anderes übrig, als mit *Mozart* zu leben.

Am nächsten Morgen, als sich die Sonne wie am ersten Tag der Schöpfungsgeschichte über die grünen Wipfel erhebt, ist alles vergessen. Das Aufwachen allein wird zum Roman. Das Tal dampft, der Wasserfall rauscht, das Licht verwandelt das Grün des Regenwaldes. Flötenhelles Vogelgezwitscher, geliehenes Glück auf Zeit. Das Hotel vereinnahmt mich. Traumhafte Natur und elegantes, modernes Design, die Kombination ist umwerfend.

Die Rangfolge dieser Elemente wechselt von Augenblick zu Augenblick, von Detail zu Detail. Zur frühen Stunde stand anstelle des Rituals des alltäglichen Aufbruchs, wenn in Deutschland die Wecker klingeln und die Eieruhren ticken, der Blick ins Paradies. Der Butler und zwei Mädchen der Insel, sanft wie Federn im Spiel des Windes, trugen irdische Köstlichkeiten auf: frische Säfte, Kräuter- und Krustenbrote, gefüllte Croissants, aus Europa importierten San-Daniele-Schinken und Cappuccino. Dazu Früchte wie aus dem Garten, liebevoll aufgeschnitten und zu Blumen geschnitzt, Papayas, Mangos, Ananas und die balinesische Sternfrucht. Anstelle einer Begleitmusik rauschte der Wasserfall, jubilierten die Vögel. Hinterher erfrischte das Bad im dunkelgrünen Becken zwischen Palmenwipfeln und dem Blau des Himmels.

„Was macht eigentlich ein gutes Hotel zum Luxushotel der Extraklasse?", werde ich oft gefragt. Goldene Wasserhähne im Bad? Der goldfädendurchwebte Himmel über dem Bett? Imperial-Kaviar schon zum Frühstück? Wer das glaubt, liegt völlig daneben. Tatsächlich sind es Unauffälligkeiten, diskretes Verwöhntwerden, die sanfte Anmut des Service.

Auf der Insel der ungewöhnlichsten Luxushotels – da reihen sich Adrian Zechas wundervolle „Aman-Resorts" in den Bergen und am Strand von Amandari bis Amanusa, „Ritz-Carlton", „Four Seasons", „Grand Hyatt", „Oberoi" und ein besonders schönes Exemplar der *Luxury Collection* von „Sheraton" – ist dieses „Begawan Giri" nochmals eine Steigerung. Leider auch bei den Preisen. Unter 1 500 Dollar pro Nacht ist nichts zu haben.

Das ist übrigens die einzige schlechte Erfahrung auf der Insel der Götter: Die Preise sind überall in geradezu unverschämte Höhen geklettert, obwohl nach dem Bombenterror die Gäste immer noch ausbleiben, einzige Ausnahme die scheinbar unerschütterlichen Australier.

Zurück zum Quartier der Seligen im Garten Eden: Fernab touristischen Lebens, ohne Fernseher, Zeitung und laute Musikberieselung, lauscht man der Dschungelsymphonie, kühlt sich in der Naturdusche draußen ab, die vom Wasserfall gespeist wird, lässt sich im Wellness- und Massagecenter verwöhnen, genießt die Zeit zu lesen und zu träumen.

Am Abend verwandelt sich das „Begawan Giri" in einen lichtfunkelnden Vorhof des Himmels. Gamelanmusik erklingt, zarte festliche Klänge. Stille und Friede werden zum höchsten Genuss.

Im Hotel sind Deutsche spitze!

TITEL, EHRUNGEN UND HÖCHSTE ANERKENNUNG

Zäumen wir das Pferd doch mal von hinten auf. Bei diesem Erinnerungsbericht beginnen wir in der Bilanz mit den Flops vor den Tops in 2003, weil die Story des unfähigsten Hotelmanagers im „Trump International" (New York) so unglaublich ist. Stolz wollte der Mann uns seine neu eingerichteten Suiten präsentieren, doch er hatte die falschen Zimmernummern, die ausgewählten Paraderäume waren vollkommen leer geräumt. Kann ja mal passieren. Als Höhepunkt stand die „1602" auf seiner Liste, die er als besonderes Schmuckstück rühmte. Er schloss auf, stürmte hinein. Nun weiß jeder Page im ersten Ausbildungsjahr, dass man zuerst anklopft, *Housekeeping* ruft und erst dann die Tür öffnet. Zur Sicherheit, man weiß ja nie … Nur unser Flop des Jahres hatte davon noch nichts gehört. So standen wir unversehens Patrick Swayzee

(Dirty Dancing) in Feinrippunterwäsche gegenüber, Dauergast während der Dreharbeiten. Der dachte an einen Überfall oder verrückt gewordene Fans und schrie gellend um Hilfe. Im Rückwärtsgang entschuldigte sich der Manager immer wieder, doch die Panne war nun wirklich nicht wieder gutzumachen.

In den Führungsetagen der großen Hotelketten setzten kritikwürdige Trends Zeitzeichen. Quereinsteiger, Querdenker, branchenfremde Impulsgeber: In der Management-Literatur von Joe Cotter bis Harvey Mackay wird diese Form von Blutauffrischung in großen Konzernen begrüßt, ja bejubelt. Nur in einer Branche haben coole Finanzgenies und spektakuläre Verkäufer keine Chance, wenn sie nicht auch ein lustvolles Verhältnis zu Gastfreundschaft und Service hegen, in der Hotellerie. „Peninsula", die feine asiatische Gruppe, versucht es dennoch mit einem Kaufmann an der Spitze, der das Hotelgeschäft nur vom Hörensagen kennt. „Mandarin Oriental" wird vom ehemaligen Finanzgenie der französischen Regierung gelenkt. Die Zahlen mögen vorübergehend besser werden, die Richtung aber ist falsch. Sparmaßnahmen am Gast sind in beiden Gruppen überall spürbar, da geht schließlich jede Sinnlichkeit flöten. Eine Zitrone für diese Besetzung.

Zwei Deutsche sind für mich die internationalen Hotelmanager des Jahres. Beide haben von der Pike auf das Geschäft gelernt und bemühen sich Tag für Tag um noch mehr Servicequalität und Pflege des Gastes. Das ist an erster Stelle Bernd Chorengel aus der Nähe von Hamburg, der von Chicago aus „Hyatt International" steuert, die Fünf-Sterne-plus-Gruppe mit der größten Expansion in den letzten Jahren. Weil der Unterschied der internationalen Top-Produkte zu den amerikanischen Hotels der „Hyatt"-Kette, die ein eigenes Management hat, so riesig geworden ist, baten die Besitzer, die Pritzker-Familie, Chorengel möge sich auch um die „Park-Hyatts" in den USA kümmern. Da macht er gerade Bestandsaufnahme.

Bernd Chorengel, der zur ITB 2004 in Berlin den *Lifetime Achievement Award* erhielt, der den „Hotelier des Jahres" auszeichnet, ist im Gegensatz zum üblichen Branchenstil zurückhaltend. Er hat keine Ambitionen, in den Medien groß herausgestellt zu werden. Seit mehr als zwanzig Jahren führt er „Hyatt" souverän und hat eine ganze Liste von neuen Trends und Serviceideen erstellt.

Der zweite ist der „Four-Seasons"-President Wolf Hengst, ein gebürtiger Berliner, sein Vater war im Krieg gefallen, mit der Mutter wanderte er nach Australien aus, um ein neues, besseres Leben aufzubauen. Die Voraussetzungen waren denkbar schlecht, die Mutter kam bei einem Autounfall ums Leben, Wolf Hengst ging allein zurück nach Deutschland und schlug sich als Kellner durch, während er die Heidelberger Hotelfachschule absolvierte. Vor 43 Jahren traf er Isadore Sharp, der gerade das erste Hotel mit dem „Four Seasons" in Toronto eröffnet hatte. Die spontane Partnerschaft von damals ist bis heute stabil – und „Four Seasons" eine der besten

Hotelgruppen der Welt. Ich habe viele Male mit Hengst gesprochen. Seine Devise ist bei mir hängen geblieben. „Der Service muss perfekt und von heiterer Liebenswürdigkeit sein", sagte er. Und: „Wer Menschen nicht zugeneigt ist, sollte nicht im Hotel arbeiten."

Wieder sind es zwei aus unserem Land, das in so vielen anderen Bereichen inzwischen hinter internationaler Klasse her hinkt, die in der internationalen Hotellerie Zeichen setzen. So wie in der Vergangenheit Horst Schulze, der die „Ritz-Carlton"-Philosophie schrieb und die Gruppe an die Spitze führte, oder Georg Rafael, der einst die „Regent"-Hotels schuf und dann eine eigene Premiumkette aufbaute. In der Hotellerie ist und bleibt *Germany* Spitze.

Wer Deutscher ist, hat in der internationalen Hotellerie einen gewaltigen Vorteil. Neben persönlichem Engagement und Fleiß liegt der Grund in der Ausbildung. Nirgendwo im Hotel- und Gaststättengewerbe wird so umfassend und konsequent geschult wie in Deutschland. So kommt es, dass die *Germans*, die in vielen anderen Branchen international wahrlich nur noch die zweite Geige spielen, in den Spitzenpositionen der Hotellerie dominieren. Das gilt ebenso für Einzelhotels wie das „Oriental" in Bangkok, das Kurt Wachtveitl aus Lindau seit 33 Jahren führt und zur Legende gemacht hat, das „Trump International Hotel and Tower" in New York, geleitet von Rudi Tauscher, oder das „Turnberry Isle" (Florida) mit seinem langjährigen Direktor Jens Grafe. Jürgen Bartels aus Hannover startete mit „Radisson", brachte dann „Westin", „Sheraton", „ITT Luxury Collection" und „St. Regis"-Hotels unter „Starwood"-Flagge zusammen. Heute steht er an der Spitze der internationalen Kette „Le Méridien".

Die Serie „Deutsche Hotelchefs im Ausland"
des Branchenmagazins *Top hotel* ist bereits bei
Folge 200 angelangt. Auch nahezu sämtliche
Hotelgruppen der gehobenen Art werden von
Deutschen geführt: Horst Schulze aus Winnin-
gen an der Mosel gilt als der erfolgreichste Hotel-
fachmann aller Zeiten. Er bekam zweimal vom
amerikanischen Präsidenten die höchste Qua-
litätsauszeichnung, den *Baldrige Quality Award.*
Demnächst präsentiert er eine neue Gruppe der
Extraklasse.

Ein Mann, aus dem Guiness-Buch der Rekorde, Abteilung Hotellerie, kaum noch zu ver-
drängen, ist Helmut Hoermann, der nacheinan-
der gleich vier große Ketten als Präsident führte:
„InterContinental", „Hilton", „Westin" und „In-
terhotels". Heute arbeitet er Tag für Tag gleichermaßen zielstrebig – um sein Golfhandicap zu
verbessern.

Im Grandhotel der Weltmeere

EIN FEINES BETT
GLEITET ÜBER DIE WELLEN

Reagiert man da vielleicht zu sensibel, habe ich mich hinterher gefragt, als die erste Verstimmung abgeklungen war. *Small talk,* wie in Warteschlangen üblich. Woher ich denn angereist sei, wollte der Gast aus Montana beim Check-in auf das Kreuzfahrtschiff „Silver Whisper" wissen. Aus Berlin, habe ich geantwortet. „Ah", sagte der kommunikationsfreudige Amerikaner, „from East Germany", und ich konnte förmlich sehen, wie es hinter der finster werdenden Fassade arbeitete. Ja, dürfen denn die Kommunisten jetzt schon auf einem solchen Schiff reisen? Und das passiert ausgerechnet mir. Weil ich wohl so verstört dreingeblickt habe, hat er noch mal nachgedacht, und da kam ihm die Erleuchtung: „Sorry, Berlin ist doch Austria", Österreich.

Ansonsten war der erste Tag im Hafen von Montreal ein Griff ins Fabelbuch. Warmherziger

Empfang auf der „Silver Whisper", Begleitung bis zur Kabine, wo alles perfekt vorbereitet war. Früchte, Blumen, Begrüßungsbrief zu belgischen Pralinen für jeden Gast, nicht nur für ein paar Auserwählte. Der wichtigste erste Eindruck aber war: Nahezu jede Kabine (auf den „Silversea"-Schiffen heißen sie Suite, weil Schlaf- und Wohnbereich getrennt sind) hat eine eigene Terrasse. Die ist so geschickt vom Nachbarn getrennt, dass jeder Gast im Liegestuhl als Mittelpunkt des Seins das Gefühl hat, für ein paar geliehene Glückstage der Eigner des Schiffs zu sein.

Vom Kopfkissen aus das Meer und das Farbenspiel des Himmels zu sehen, war derart faszinierend, dass selbst aufgetürmte Wolkenberge im Schlechtwettergebiet zu romantischen Gemälden wurden. Am Abend schenkte ich mir ein Gläschen *Opus One* oder *Silver Oak* aus Kalifornien ein und ließ die Landschaft zeitlupenhaft in Scherenschnittoptik vorübergleiten. Das macht für mich den größten Spaß einer Kreuzfahrt aus.

Am nächsten Morgen fand im Hafen von Quebec das Gipfeltreffen der Cruise-Giganten statt. Da lagen „Seabourn Legend" und „Goddess" und „Silver Whisper" hintereinander. Die Elite der Grandhotels, die auf den Ozeanen schwimmen. Da fehlte nur noch die „Europa", die ebenfalls zum Kreis der Weltbesten gehört.

Es klingt verrückt, aber die teuersten Schlafgemächer der Welt mit dem sanften Schaukeln sind trotz allgemeiner Reiseflaute extrem gut gebucht. Nur der Vorverkauf des neuen Superschiffs „Queen Mary II" läuft schleppend. Da gibt es für die ersten 20 Reisen, die Jungfernfahrt einmal ausgenommen, 20 Prozent Rabatt.

Ganz egal, welches Schiff Sie wählen, an Seetagen ist ein Hoch im Kopf garantiert, ob es regnet oder die Sonne lacht. Die silberne Wellenspur hinter dem Heck des weißen Schiffes verbreitert sich, tänzelt seitlich aus und zieht Schaumränder in die weiten Wasserflächen. Auf dem Sonnendeck stehen die Passagiere und genießen die endlose Weite des Meeres. Für mich ist das Erholung pur.

Salz auf der Haut, Wasser plätschert gegen Stahl, Eis klirrt in den Gläsern. Bekommen Sie dabei Lust auf christliche Seefahrt, auf Eleganz und Etikette, Dinner und Dancing, Luxus mit ein wenig Laster? Und rund um die Uhr, von Bett bis Bar (Mitternachtsbüfett), wird hochklassig getafelt. Unglaublich freilich, wie wenig auch wohlhabende Gäste von Essen und Trinken verstehen. Zur aufgeschnittenen Passionsfrucht fragte mich eine Dame, ob das typische Pasteten seien. Manche Kalauer werden in Realität umgesetzt: „Mögen Sie einen roten Pomerol oder lieber einen weißen Chardonnay?", fragte der sympathische Kellner am Nebentisch. „Mischen Sie uns ein Gläschen von beiden. Meine Frau mag so gern Rosé."

Manchmal streichelt selbst der größte Blödsinn die Seele. Im Fitness-Center der „Whisper" auf dem obersten Deck mit freiem Blick aufs Meer erfuhr ich Berlin-Nachhilfe. „Wir waren mit diesem Schiff auf Kreuzfahrt auch in Berlin." Mit dem Schiff? Über die Spree? „Well, das Wetter war zu schlecht, so sind wir im Hafen geblieben. Wie heißt der Berliner Hafen noch? Ja, Rostock."

Schiffsreisende suchen Vergnügen ohne Aufregung auf den gepflegten Decks beim *Shuffleboard*, beim Plaudern an der Bar. Dem modernen Schein der Hotels auf den Meeren zum Trotz regiert auf der „Silver Whisper" Nostalgie, hinter den Kulissen freilich straffes Management.

Gewiss, es war schon immer etwas teurer, einen guten Geschmack zu haben, auch in der Kreuzfahrt. Der Tagespreis kann locker die 1 000-Euro-Schallmauer durchbrechen, pro Person versteht sich. Dafür sind Küche, Wein, Service, Sport exzellent und inklusive (einschließlich der Trinkgelder), ebenso der Blick vom Kopfkissen auf Wellen und Wolken.

Krach über den Wolken

SCHNARCHER STÖREN DEN NÄCHTLICHEN FRIEDEN

Karl-Heinz Rummenigge, der wohl weltbeste Fußballer der 80er Jahre, schläft zum Glück geräuschlos, redet nicht im Schlaf, schnarcht nicht. Eine äußerst wichtige Erfahrung, wenn man eine lange Nacht Bett an Bett verbringt.

Der Lufthansa-Jumbo startet morgens kurz nach zehn Uhr Ortszeit und kommt am nächsten Morgen um sieben in Frankfurt an. Da hat sich die Weltkugel nahezu einmal um die eigene Achse gedreht. In derart langer Flugzeit wandelt sich im Oberdeck der Boeing 747-400 mein Sitz zeitweise zum Bett, mit fröhlich blau-gelben Kopfkissen und Steppdecken. Rummenigge, heute Präsident des deutschen Fußballmeisters Bayern München, hatte Sitz 82 C, also den Gangplatz neben meinem, gebucht und verzichtete wie ich auf das große Menü über den Wolken, um schneller ein paar Mützen Schlaf zu bekommen. Außerdem stellt er als erfahrener Vielflieger fest: Wer hier kulinarische Höhenflüge erwartet, hat keine Ahnung von den Kochbedingungen an Bord. Die schmalen Vorbereitungsnischen sind nur Regenerationsstationen. Recht hat er, das Essen wird zwangsläufig schnell und heftig aufgewärmt, das verändert die Aromen. Keine andere Airline auf der Welt, da sind wir uns einig, legt zwar so viel Wert auf interessante Kreationen von internationalen Küchenstars wie die Kranich-Gesellschaft für ihre First, doch auch bei bestmöglicher Vorbereitung kann es über den Wolken kein Freudenfest der Gourmandise auf Drei-Sterne-Niveau geben.

Im Grunde genommen dient das Essen über den Wolken in erster Linie der Beruhigung von ängstlichen Reisenden. Die Mahlzeiten mit Appetithappen und Aperitif vorweg sollen Ablenkung, Therapie gegen Flugangst und Zeitvertreib sein. Mir sind eine ungestörte Nachtruhe und das Gefühl der Sicherheit weit wichtiger als Maishähnchenbrust auf Reis oder wieder aufbereiteter Entenbraten mit Rotkraut.

Zwei Gläschen Champagner, dazu Kaviar mit der üblichen Garnitur, eine Schale frischer Salat, dann wünschten wir uns schöne Träume. Ich schlief sofort ein. Bis der Morgenkaffee in der Nase duftete. Eine angenehme Nacht lag hinter uns.

So ganz selbstverständlich ist das auch in der First Class nicht. Ein paar Wochen später saß ich todmüde in der total ausgebuchten Maschine von Jakarta (Asien boomt wieder) nach Frankfurt. Auf der anderen Seite des Gangs hatte sich ein schwergewichtiger XXL-Mann ausgebreitet, ein Dutzend Whiskys und eine Flasche Bellegrave (ein vollmundiger Rotwein aus Bordeaux) geschluckt. Dann wälzte er sich auf den Rücken und schnarchte derart laut, dass überall im Oberdeck die Lichter wieder angingen, weil trotz Ohropax keiner einschlafen konnte.

Mein Nachbar warf Papierbälle aus zerknüllten Zeitungen und traf auch. Genutzt hat es nicht. Der Mann vom Sägewerk zuckte nicht einmal, reagierte auch nicht auf Schütteln und Anstoßen. Die Tonlage blieb immer gleich, von einigen tiefen Schnaufern einmal abgesehen. Erst am Morgen, als sich der Bulle von Jakarta wegen der Landung richtig hinsetzen musste, war Ruhe im Oberdeck, das eigentlich als Schlafzimmer der Lüfte hochpreisig bezahlt wird. Der doppelte Ottfried Fischer lächelte ausgeschlafen, sonst gab es nur verdrießliche, übermüdete Gesichter. Vor derartigen Pannen ist man nie gefeit. Da ist es vorbei mit der genussvollen Stille des Oberdecks.

Gerade in letzter Zeit ist viel über Liegen in der Business Class berichtet worden, über die Japan Airlines, All Nippon Airways und Cathay Pacific, vor allem aber über den Zaubersitz der

Lufthansa. Diskutiert wird auch über die Konzepte, die First auf einigen LH-Strecken, vor allem den mehrheitlich touristisch genutzten, abzuschaffen. Auf den langen Strecken wie nach Jakarta ist aber die 180-Grad-Liege mit 234 Zentimeter Beinfreiheit (da ist die Lufthansa Weltspitze) im Oberdeck vor allem für Geschäftsreisende, die gleich nach der Landung gefordert werden, die vorzüglichste aller Möglichkeiten.

Was außer von der deutschen Gesellschaft im Premiumbereich sonst noch an Neuheiten in den fliegenden Schlafzimmern angeboten wird? Singapore Airlines offeriert Federbetten in einer Minisuite, United eine so genannte First Suite mit völlig flachen Liegen und Massagefunktion für müde Knochen. Und Virgin Atlantic hat den *Upper Class Sleeper Seat* erfunden, ein fliegendes Doppelbett, das sich durch eine dünne Trennwand in zwei Einzelbetten teilen lässt.

Für mich ist die wichtigste Neuerung der Kopfhörer, den die Lufthansa im Programm hat. Damit sollen alle Kabinengeräusche, außer der leise eingestellten Musik, absorbiert werden, jeder Lärm wird abgedämmt. Das löst dann auch das Problem mit den Schnarchern.

Schrille Töne in den Hotel-Hitparaden

JEDES JAHR KOPFSCHÜTTELN ÜBER AMERIKAS „EXPERTEN"

Warum soll ich leugnen, dass ich am Jahresende jedes Mal aufs Neue gespannt bin auf die unterschiedlichsten Ranglisten der Hotels, über die man so leidenschaftlich diskutieren kann. Berühmte Hotelnamen, Branchenwertungen und Platzierungen üben einen besonderen Reiz aus, bieten Stoff für lustvolle Gespräche unter Vielreisenden. Da sind die angeblich Besten der Besten nach Qualität und Serviceklasse, die Adressen mit dem schönsten Blick aus den Fenstern, die besten Restaurants mit Sternen, Kochmützen und Bestecken.

Widerspruch basiert auf eigener Erfahrung, Zustimmung erhält man gern als Bestätigung der eigenen Wahl. Nur Eichhörnchen bleiben davon unbeeindruckt, die heißen zu Recht in der Indianersprache *Ssuh-Yo-tin*, was so viel bedeutet wie „Tier, das niemals verreist", weil sie immer in der Nähe der gegrabenen Vorratskammern leben. Die meisten Menschen, die dienstlich oder ganz einfach aus schierer Lebensfreude unterwegs sind, jonglieren gern mit den Hotelnamen und Platzierungen, kaufen Guides als Leitfaden und Entscheidungshilfen beim Buchen.

Wie auch immer: Die Wertungen der Experten gehen oft derart weit auseinander, dass Kopfschütteln erlaubt ist. Wie soll man auch erklären, dass das „Peninsula" in Hongkong Ende der 80er Jahre zum besten Hotel der Welt gekürt wurde, ausgerechnet zu einem Zeitpunkt, als eine Totalrenovierung durchgeführt wurde, und die Gäste über eine Baustelle klettern mussten? In der neuen Rangliste 2004 vom *Institutional Investor* flog das Prachthotel aus der Spitze ins Niemandsland, tauchte gar nicht mehr auf, angeblich weil die Tester wegen Sars nicht hinkonnten. Was kann das Hotel dafür?

Oder nehmen Sie das texanische Flaggschiff der „Rosewood"-Gruppe mit dem schönen Namen „Mansion on Turtle Creek". Es erreichte in der Rangliste Platz eins, als nur noch eine extrem teure Frischzellenkur das in die Jahre gekommene, heftig angestaubte Hotel retten konnte. Ein explosives, darum so spannendes Kapitel. Über die neue Spitze lachen Insider schon wieder. Das „Burj Al Arab" in Dubai, das aufwändigste Hotel der Welt, mit vergoldeten Klosettbrillen, ein Disneyland der Scheichs, ist nach seriösen Servicetests bisher gnadenlos verprügelt worden, hat etliche Manager verschlissen und bekam in der *Top hotel*-Kritik die Note mangelhaft, weil Gäste eigentlich nur stören. Beim *Institutional Investor* ist es die Nr. 1. „Four Seasons" hat ganz ohne Zweifel eine zweistellige Zahl von Superhotels, die alle einen Spitzenplatz verdient hätten (Berlin zum Beispiel), kommt aber mit dem Hotel in Lissabon aufs Siegertreppchen, obwohl ich in diesem Haus schon zweimal die Einsamkeit des einzelnen Gastes erlebt habe. Nichts an diesem Hotel ist erwähnenswert, dennoch Platz 2.

Über viele Jahre überwog Unverständnis über die *Condé Nast Traveler*-Wertung, eine Liste nach den Erfahrungen der Leser. An der Spitze steht in der 2004er-Liste „Le Sirenuse", Positano, ein gewiss gutes, aber wahrlich nicht überragendes Hotel. Im letzten Jahr hatte diese Position, ebenso unverständlich, die „Singita Private Game Lodge" in Südafrika inne. Da klatschen nur die Schimpansen vergnüglich auf ihren Bäumen. Dennoch bin ich irgendwie versöhnt, denn endlich ist in der Weltrangliste der Hotels ein deutsches Haus in der absoluten Spitze: Auf Platz 15 der Top 100 rangiert das „Adlon", die Hotellegende in Berlin. Damit landete das Flaggschiff der Kempinksi-Gruppe noch vor dem Four-Seasons-Hotel „George V." in Paris (Platz 19), dem „Ritz-Carlton Millenia" in Singapur und dem „Oriental" in Bangkok (35) – Hotels, die alle schon einmal auf Platz eins standen. Auch bei *Institutional Investor* wurden diesmal drei deutsche Hotels unter die 75 besten gewählt, neben dem „Adlon" nannten die Banker zwei Häuser am Finanzplatz Frankfurt, das „Arabella Sheraton" und den „Hessischen Hof".

Völlig anders als Ferienreisende und Genusswochenendler bewerten verständlicherweise Businessgäste ihre Hotels. Da ist dann entscheidend, wie viel angenehme Arbeitsmöglichkeit die einzelnen Hotelgruppen dem Geschäftsreisenden ermöglichen. Nach einer weltweiten Untersuchung sieht die Kettenwertung, wer das beste Zuhause zwischen den Terminen und ein perfektes Arbeitszimmer zugleich offeriert, wie folgt aus: 1. „Park Hyatt", 2. „Peninsula", 3. „Orient-Express", 4. „Four Seasons", 5. „Luxury Collection" (Sheraton), 6. „Ritz-Carlton". Zumindest ein Anhaltspunkt.

Viel Geld,
wenig Service

WIE ZUR MESSEZEIT
DER GAST ABGEZOCKT WIRD

Das Zimmer mit der Schnapszahl 333 bietet alles, was man braucht: ein ordentliches Bett, einen Schrank, einen Fernseher, einen Föhn, natürlich Telefone, ein kleines Bad mit leider defekter Dusche. Weil der Kopf nicht festsitzt, läuft das Wasser eigene Wege. Zwei Badetücher sind sauber, riechen aber nach alter Heißmangel. Hier im Frankfurter „Maritim" gibt es Shampoo und Seife aus der Pressdose. So weit, so gut – die Frage drängt sich aber auf: Reicht das, um als Messebesucher zufrieden zu sein? Wie viel Hotel braucht der Geschäftsreisende unterwegs?

Ich schildere hier Eindrücke aus dem Frankfurter „Maritim" gleich neben den Messehallen, in denen Chrom und Lack blitzen und sich die schönsten Vehikel in gleißender Helligkeit drehen. Bei Service und Ambiente schrauben wir einmal Cäsar-Ritz-Kriterien herunter und machen eine nüchterne Bestandsaufnahme: Im Zimmer 333, aber auch nirgendwo anders, wie ich im Geleit der dunkelhäutigen Zimmerreiniger feststellte, gibt es Blumen (Blüten sind Leben) oder Grünpflanzen, nirgendwo einen Gruß des Managers (kostet nichts); einen Schuhputzdienst gibt's nur per Maschine, Aufbügeln und Eisholen ist Sache des Gastes. Auch das Frühstück am ordentlichen Büfett wird erst durch Selbstbedienung möglich. Das Personal stellt lediglich die Kaffeekanne auf den Tisch. Peng und weg. Wie hat Cäsar Ritz, der im „Frankfurter Hof" in der Nähe einmal Generaldirektor war, gesagt? „Es ist vor allem die Qualität des zweiten Servicegangs am Abend, mit dem sich die guten Häuser von den einfachen Domizilen abheben…" Das hat der Verantwortliche des Frankfurter „Maritim" wahrscheinlich gelesen und geschlussfolgert, besser gar keine Vergleichsmöglichkeit zu schaffen. Ein zweiter Servicegang findet hier überhaupt nicht statt. Dann hat der gute alte Ritz noch inbrünstig eine umfassende Schulung des Personals angemahnt. US-Top-Gruppen planen heute noch mehr als 100 Stunden pro Mitarbeiter ein. Und hier?

Interessante Frage. In jedem Fall nützte es nichts, dass ich die rote Karte mit „Bitte nicht stören" vor die Tür gehängt habe. Mit dem gellenden Ruf *Housekeeping* wurde sie nach kurzem Klopfen aufgerissen. Zum Glück war ich allein in fremden Betten (der Messetag macht so müde), darum ganz sittsam und wurde nur aus einer Phantasiereise zu imaginären Orten eines erhöhten Lebensgefühls gerissen.

Nein: Service, liebenswertes Bedienen, den Gast in den Mittelpunkt aller Bemühungen stellen, all das ist hier kein Thema. Einwand: Dafür spart man halt im gehobenen Mittelklassehaus (das gern von fünf Sternen spricht). Sollte man annehmen. Gute Überlegung, die Qualität des Aufenthalts über einen günstigen Preis auszugleichen. „Geiz ist geil", dieser Werbespruch zum bescheidenen Nachtquartier würde tatsächlich vieles zudecken. Aber was heißt hier Geiz? 440 Euro die Nacht plus 20 Euro Frühstück setzt „Maritim" als *rate* zur Messezeit auf die Rechnung. Bescheiden bleibt da das Übernachten gewiss, was die Leistung betrifft, aber billig? Da muss ich etwas falsch verstanden haben. Die richtig guten Hotels wie das „Adlon" in Berlin, der „Nassauer Hof" in Wiesbaden oder das „Mandarin" in München würden derartige Forderungen nicht riskieren.

Die Hotellerie, das muss man sagen, ist in diesen Jahren der wirtschaftlichen Verunsicherung besonders gebeutelt. Es wirkt aber eher peinlich, sich auf Marktgegebenheiten zu berufen und in dieser Form zu überziehen und Sympathien zu verspielen. Wie viel Hotel braucht der Geschäftsreisende, wie viel Zuhause fernab von daheim darf er erwarten? Zahlt er im „Maritim" die 125 Euro, die dort am Wochenende nach der IAA verlangt werden, muss er sich mit abgespecktem Serviceprogramm abfinden. Wohl oder übel. In einer Preiskategorie aber, die die Besten der Besten nicht auszusprechen wagen, ist eine solche Forderung von 440 Euro belastend für die ganze Branche. So empfiehlt denn auch der Verband der Automobilindustrie, normalerweise nur für Vehikel zuständig, sich nicht in derart teure Betten zu legen. Flugs schlossen sich die Veranstalter der Buchmesse an. Die Servicequalität werden sie damit nicht verbessern können, aber der Druck kann helfen, dass die *rates* zur Messezeit wieder den tatsächlichen Leistungen entsprechen. Der Maritim-Verantwortliche Christian Windfuhr sieht das anders: „Welche Preise unser Haus für eine Übernachtung bekommt, entscheidet einzig und allein der Gast, denn er hat die Wahl." Alles klar?

Wenn dem Luxushotel die Seele fehlt …

EIN SCHÖNES DOMIZIL ALLEIN REICHT NOCH NICHT

Sparen Sie sich den Flug, das New-York-Ticket und das Geld fürs Hotel. Ambiente dieser Art haben Sie gewiss schon hundert Mal im Kino gesehen oder auf der Mattscheibe. Machen Sie es sich lieber vor dem Fernseher bequem, mit einer Flasche *Cheval Blanc*, am besten Jahrgang 90, und sehen Sie sich noch mal in Ruhe die zehnte Wiederholung des New Yorker „Plaza"-Porträts in „Kevin allein in New York" an oder wählen Sie einen anderen Hotelstreifen. Sie wissen schon, es gibt etliche mit interessanten Menschen auf der Bühne Hotel. Beobachtungen aus dem TV-Sessel. Doch bitte beschweren Sie sich danach nicht, wenn Sie Sehnsucht verspüren. Sehnsucht nach dem besonderen Erlebnis, das nur außergewöhnliche Domizile hautnah vermitteln. Diese Animation wirkt seit mehr als 150 Jahren.

Nirgendwo kreuzten sich die Lebenswege bedeutender Menschen häufiger als in den Drehtüren der Grandhotels. Die *Divina Commedia* des 19. und 20. Jahrhunderts spielte sich in der Hotelhalle der Nobelherbergen ab, in den Restaurants und Suiten. Legenden, Paläste mit Prunk und Plüsch.

In New York, der Metropole mit so vielen Hotels im englischen Clubstil, mit Interieur in dunkler Eiche wie im besagten „Plaza", wurde gerade mit dem „Mandarin Oriental" eine neue interessante Interpretation moderner Grandhotels eröffnet. Ich wohnte in der 1603, ganz am Ende des Ganges mit einem prächtigen Blick auf den Central Park. Diesen Blick lassen sich alle anliegenden Hotels vergolden. Auch im „Mandarin Oriental" sind die Central-Park-Zimmer 100 Dollar teurer als die mit Stadt- und Hudson-View. Die Preise klettern auf 800 Dollar. Extrem teuer.

Das neue Domizil mittlerer Größe (251 Zimmer und Suiten) in den Stockwerken 38 bis 54 des AOL/Time Warner Center bietet eine faszinierende Fusion von frechem, funktionellem Design und elegantem asiatischen Flair. Das Haus am Columbus Circle, dem Ausrufezeichen am Ende des Broadways, liegt mitten im Herzen der optischen Widersprüche. Dieser Umstand wird in der Hotelgestaltung voll aufgenommen. Die von der Decke bis zum Boden reichenden

Fenster der Gästezimmer offerieren atemberaubendes Panorama und die Dynamik Manhattans. Badewannen mit direkt darüber liegenden Aussichtsfenstern bieten selbst das Badeerlebnis *with a view*. Ein weiterer Vorzug des Hotels ist das hochklassige Spa mit fernöstlichem Ambiente. In der Oase der Ruhe kommen die Programme zur Anwendung, die im Flaggschiff der Gruppe, dem „Oriental Bangkok", so erfolgreich sind. Und in der Lobby spiegelt sich die wahrscheinlich aufregendste Stadt der Welt.

Vom Broadway aus wirkt das gigantische Time Warner Center besonders spektakulär, optisch aber auch wie ein Fremdkörper. Zwischen roten Hydranten und Theatern pulsiert und swingt das Leben im verrückten Schmelztiegel. Direkt unter Busen, Strapsen und pornografischen Darstellungen tobt der freie Wettbewerb der Religionen. „Glauben Sie uns, Sie werden alle gerettet", schreit ein Prediger, der auf einem umgestülpten Plastikeimer steht. Moonies und Hare-Krishna-Jünger liegen im Sing- und Rasselwettbewerb. Adrette, weiß und schwarz gekleidete Musiker der Heilsarmee wirken wie ein Chor verirrter Engel. Auch das sind Elemente eines Erlebnisses mit Langzeitwirkung – und eben dieser Stadt ist das „Mandarin Oriental" auf den Leib geschnitten.

Viele Annehmlichkeiten, die natürlich komplett im Zimmerpreis kalkuliert sind, machen den Aufenthalt ein bisschen schöner: die Morgenzeitungen an der Tür, die perfekt geputzten Schuhe im Weidenkörbchen, die Begrüßungshäppchen nach langer Anreise. Was dagegen immer mehr verkommt, nicht nur in diesem Hotel, ist die Qualität des zweiten Servicegangs am Abend. Da werden nur noch die Betten aufgedeckt, aber nicht mehr, wie es einst der Grundgedanke von Cäsar Ritz war, Zimmer oder Suite auf eine angenehme Nacht vorbereitet. In meinem Raum 1603 wurden weder die Vorhänge zugezogen noch leere Flaschen und Gläser abgeräumt, nicht die Handtücher gewechselt. Kleinigkeiten nur, gewiss, auch dass die Hausschlappen nur von Japanerinnen (bis Schuhgröße 34) zu benutzen sind. Aber exakt diese Details machen letztlich den Unterschied zu einem absoluten Spitzendomizil.

Bei aller Begeisterung für die Ausstattung und das gute Restaurant will ich nicht verschweigen, dass dem Hotel zurzeit noch die Seele fehlt. In den Fluren gibt es keine Blumen und Pflanzen, in den Zimmern fehlen Früchte, Schalen mit Süßigkeiten, Kerzen oder Blumen (bis auf die Duftkerze im Bad). Da muss der deutsche General Manager Rudolf Tauscher – wie beim Service – noch nachbessern. Er hat das gelernt, im „Brenner's Park Hotel & Spa" in Baden-Baden, einem der besten deutschen Hotels mit vorbildlichem Service.

Wer Golf spielt, findet schnell zum Grandhotel

EINE SPORTLICHE MARKETINGIDEE LOCKT NEUE GÄSTE

Mein Zimmer 123 im „Nassauer Hof" in Wiesbaden, dem traditionsreichsten Grandhotel Deutschlands, glich einer Umkleidekabine im Sportclub: Golfgepäck, Softspikes-Schuhe, Regenbekleidung, Handtücher, Bälle, Massageöl. Eine kunterbunte Mischung. Vorbereitung zum Golfturnier, das der Chef des Hauses, Karl Nüser, jährlich auf dem Johannisberg austrägt. Der Platz gehört übrigens dem weltgrößten Gummibärchen-Produzenten Hans Riegel und liegt in den Hügeln hoch über dem Rhein. Aus Sylt und Niederbayern reisen für diesen Tag die Gäste an. Treffpunkt Wiesbaden. Spielen, feiern und sich amüsieren beim fröhlichen Entenfrühstück am nächsten Morgen. Seht her, das Hotel bietet wahrlich mehr als nur ein Bett für die Nacht. Ganz gleich, wie groß und wie teuer die Hotels auch sind, zur Kundenpflege und Erweiterung der Zielgruppe sind zurzeit mehr als andere Aktivitäten Golfturniere angesagt. Wohlgemerkt, wir plaudern hier nicht über die typischen Golfhotels: Ins „Gleneagles" oder „Turnberry" in Ayshire fuhr noch keiner, um gut zu essen oder eine besonders angenehme Bar zu finden. Für diese Art von ausgewiesenen Golfdomizilen gibt es inzwischen ein ganzes Dutzend unterschiedlicher Kataloge. Auch die „MS Europa" legt jetzt Kreuzfahrten auf, bei denen der kleine genarbte Spielball im Zentrum steht. Doch hier geht es um Stadt- und Ferienhotels, die ganz anders gepolt sind. Die Zielrichtung im „Nassauer Hof", in der „Residenz" im bayerischen Aschau oder im „Hyatt" am Potsdamer Platz in Berlin ist es, mit der Boom-Sportart eine zahlungskräftige Klientel für das Haus zu interessieren und zu binden. Da wird dann ausgepackt, was das Domizil auszeichnet und zu bieten hat, was andere nicht haben. Das soll dem sportlichen Kunden vorgestellt werden.

Besonders gut gelang das dem „Hyatt": Aufgepasst, das bekommt ihr in den deutschen Häusern der amerikanischen Gruppe für euer Geld! Unter weißen Zelten, jeweils an den Grüns des nach Expertenmeinung schönsten deutschen Golfplatzes am Seddiner See, war alles genau wie im Club Olympus über den Dächern von Berlin. Da wurde auf weißen Liegen zur Entspannung massiert, garte in kleinen Küchen die

Kochcrew Fisch und Fleisch in Löffelportionen, formten Sushi-Meister aus Japan mit flinken Fingern Häppchen aus Fisch und Reis, reparierten Kosmetikerinnen das Make-up der weiblichen Gäste nach langem Spiel. In der Kombination mit einem Genussgipfel im Restaurant am Abend eine unschlagbare Werbeaktion. „Tue Gutes und rede darüber" – nach diesem Motto sorgen die

Hotels zumeist noch für einen Erlös, der einem guten Zweck dient. Der Uwe-Seeler-Stiftung beispielsweise, für die der „Fürstenhof" in Celle den Rahmen schuf. Was der damalige Chef des Hauses, Carsten Rath, mit kleinem Etat (zurzeit

bestimmt ein Insolvenzverwalter das Budget, die Sanierung steht vor dem Abschluss) dabei für die Prominenten aus Sport, Show und Politik als höchst angenehmes Drumherum auf die Beine gestellt hat, war bestes Marketing für das persönliche Hotel im Hinterhof der großen Zentren.

Reservierungen belegen, dass die Hotels durch Buchungen profitieren, wenn der Golftag wie in der niedersächsischen Fachwerkstadt derart geschickt gemanagt wird. Golf ist das Feuerwerk dieser Tage (der Spielerkreis hat sich in kurzer Zeit verdreifacht). Es für die Kundenbindung und Gästewerbung einzusetzen, ist so erfolgsträchtig wie Kulturpakete, Popkonzerte und Erholungstage für gestresste Manager. Der verrückten Entwicklung gemäß hält der Concierge im „Fürstenhof" ein Päckchen Bälle bereit mit einem Sticker, auf dem eine Warnung gedruckt ist. Die Familienministerin: „Golfen gefährdet Ihre Ehe, Ihre Ehre, Ihren Charakter." Punkt. Nehmen Sie es nur von der lustigen Seite.

Wo einst schon Julius Cäsar schlief

MODERNER BUTLERSERVICE AUF HISTORISCHEM BODEN

Wer das historisch gewiss wertvollste Hotel der Welt in seinem Versteck findet, hat es sich verdient, dort wohnen zu dürfen. Einmal schlafen, wo schon Julius Cäsar nächtigte. Voraussetzung ist natürlich, man kann es sich leisten. Ich will es einmal so sagen: Die Nacht im „Posta Vecchia" ist so teuer wie 100 Übernachtungen im Berliner Günstighotel „Generator".

„La Posta Vecchia" liegt nur 25 Minuten von Roms Flughafen „Da Vinci" entfernt. Die Anfahrt ist freilich die reinste Schnitzeljagd. Ohne Ortskenntnisse über Nebenstraßen und Waldwege dorthin zu gelangen, setzt die Pfiffigkeit eines Kopiloten auf Orientierungsfahrt voraus. Ein paarmal sind wir wie kopflos umhergeirrt. Und von den Einheimischen ist keine Hilfe zu erwarten, keiner kennt das Prachthaus. Über Ladispoli und Palo erreichten wir schließlich in einem abgelegenen Waldgebiet ein schweres eisernes Tor, das sich nach fernmündlicher Vorstellung wie durch Zauber geräuschlos öffnet. Und damit tauchen Sie in eine Traumwelt ein. Sie dürfen einmal Kaiser von Rom oder Fürst in galanter Zeit sein. Und nach dem Frühstück geht's gestärkt in den grauen Alltag. Im Park, groß wie zehn Fußballfelder, liegt das Hotel, eine abgeschirmte Residenz unmittelbar am Meer. Gleich daneben ruht das trutzige Castello di Palo seit dem 16. Jahrhundert auf dem felsigen Küstenstreifen. „La Posta Vecchia" war damals Gästehaus, später die letzte Poststation zum Pferdewechsel vor Rom und später im Besitz von Multimilliardär Paul Getty. Der sonst als extrem geizig verschriene Getty restaurierte das Haus bis aufs Fundament und fand dabei eine Patriziervilla aus dem 4. Jahrhundert v. Chr., die mit eleganten Mosaiken ausgestattet und niemals geplündert worden war. Die behutsamen Ausgrabungen wurden mit Millionenaufwand durchgeführt und in einem einmaligen Museum in den Kellergewölben des Hauses zusammengetragen. Wie dieser Prachtbau dann zum Hotel wurde, ist schnell erzählt. Getty also brachte die stolze Tradition behutsam mit Kunstwerken späterer römischer Kulturen und modernem Komfort wie Zentralheizung, Entfeuchter und separaten Duschen zusammen, baute ein wundervolles Schwimmbad mit Blick auf das Tyrrhenische Meer. Als alles fertig war, lud er zur Party ein, die Schönen, die Reichen und seine vorlauten Freunde. Am lauen, feuchtfröhlichen Abend sagte dann einer gedankenlos: „Alles wunderbar, Paul, aber das sieht ja wie ein feines Grandhotel aus." Ein böses Signal. Wie er selber Bekannten anvertraute, verlor Getty von einer Minute auf die andere die Lust an dem historischen Anwesen und verkaufte. Die Schweizer Gesellschaft eines reichen Römers (zum Schutz vor der Mafia) machte daraus tatsächlich ein erlesenes Gästehaus im Stil eines außergewöhnlichen Grandhotels, das von der Edelvereinigung *Relais & Châteaux* sofort aufgenommen wurde.

Eigentlich erinnert nur der dezente Service daran, dass der Gast in einem Hotel lebt. Ansonsten fühlt sich jeder wie der Hausherr, weil er, wann immer er mag, das Kaminzimmer, die Bibliothek, Gettys ehemaligen Arbeitsraum oder die Bar für

sich allein hat. Nur sieben Suiten und zehn große Doppelzimmer werden angeboten. Von der Suite der Medicis geht der Blick über den herrlichen Park, wohnt man in der Garland- oder Getty-Suite, besticht der Ausblick auf das Meer. Jedes Zimmer hat einen gewaltigen Kamin mit gut abgelagertem Brennholz. Auch geschlemmt wird wie zur Römerzeit. Die landestypische Küche ist leicht, unkompliziert, aber stets mit frischen Produkten appetitlich serviert. Fische und Meeresfrüchte dominieren. Die Weinkarte ist umfassend, und auf dem Bartisch, an dem sich jeder bedienen kann, gibt es nahezu 100 edelste Digestifs. Für die moderne Interpretation Marc Aurels überlieferten Leibgerichts, marinierte und geröstete Wachteln, müssen Sie für zwei Personen 200 Euro hinlegen. Profit ist mit diesem Haus dennoch nicht zu machen. Allein die Heizkosten belaufen sich auf 25 000 Euro monatlich. Und im Keller arbeiten ständig hoch bezahlte Restaurateure. Dass selbst in einem so edlen Hotel Perfektion ein immer währendes Streben ohne Endziel bleibt, wurde beim Frühstück klar, als der einzige Kellner auch den Room-Service zu regeln hatte und natürlich lange Wege gehen musste. Da wartet man manchmal ebenso lang auf die Milch zum Kaffee wie ein komplettes Frühstück im Hilton dauert. Doch wer tut das nicht gern in einer solchen Atmosphäre? Und was sind ein paar Minuten gegen 2 100 Jahre Geschichte?

Im Wasserturm und anderen Design-Hotels

DER GAST STEHT IM MITTELPUNKT UND NICHT IM WEG

Bei der Aufzählung außergewöhnlicher Hotels fehlen regelmäßig die Hip-Hotels. Jene frechen Designerdomizile, die vor allem junge Leute mit gutem Einkommen besonders schätzen. Designhotels haben zumeist den Nachteil, dass Service und Gästepflege augenscheinlich eine völlig untergeordnete Rolle spielen, weil sie vorrangig eine auf den ersten Blick wenig empfängliche Klientel bedienen. So entsteht für Vielreisende die Zuordnung, der ich klammheimlich ebenfalls nachhänge: Traditionshotels gleich grandiose Nostalgie und Wohlfühlatmosphäre. Hotels der reduzierten Formen, minimalistischen Designs gleich unpersönliche Kühle, ja, der Gast wirkt in dieser Inszenierung oft nur störend. Es gibt Beispiele genug, die diese These stützen und die Frage aufwerfen: Sind Mitarbeiter in Designerhotels selbst nie irgendwo Gast oder vermeiden sie

Hotelaufenthalte, weil sie sich Unfreundlichkeiten ersparen wollten? Der Gedanke schoss mir zuletzt durch den Kopf, als ich das Hotel erlebte, das ideal ist für den Anschauungsunterricht in Hotelfachschulen: Seht her, liebe Auszubildende, alles, was Sie hier erleben, dürfen Sie später nicht machen, niemals. Wir sind zu Gast in Ian Schragers „Delano" in Miami. Wichtig ist hier nur das Gesamtbild, die eigenwillige Gestaltung, die Dekoration weiß in weiß. Kurz und gut: Der Gast stört augenscheinlich in der kühlen Designerwelt.

Zum Glück gibt es aber auch Hotels, die konsequent modern gestaltet sind, aber dennoch das Wohlfühlaroma und den Service eines klassischen Grandhotels anbieten. Das „Four Seasons" in Prag, das „Grand Hyatt" in Berlin, das „Ritz-Carlton" in Wolfsburg sind solche Adressen. Und einen derart angenehmen Aufenthalt erlebte ich ebenfalls in Europas ehemals größtem Wasserturm auf der linken Rheinseite der Domstadt Köln. Zimmer und Suiten sind im alten, voluminösen Tower, der natürlich unter Denkmalschutz steht, von der Pariser Designerin Andrée Putman konsequent schlicht, elegant und ohne Firlefanz eingerichtet. Mit den gerundeten Wänden, luxuriösem Dekorationsmaterial und zeitlos samtenen Polstermöbeln im Stil der 30er Jahre, bieten die Zimmer ein Paradebeispiel dafür, welche Möglichkeiten in einem Raum stecken, wenn man es richtig angeht. In den Doppelzimmern sind die Bäder klein, aber die Toilette stets außerhalb der Nasszelle. Das ist selbst bei renommierten *Leading*-Hotels nicht selbstverständlich. Eine herrliche Zusatzleistung bieten die Zimmer in der achten und neunten Etage. Durch großzügige Schiebetüren kann der Gast auf der schmalen Rundumterrasse einmal über Köln spazieren und den Panoramablick genießen, über die Altstadt, zum Dom und bis zum Rhein.

Genuss pur? Fast. Frühmorgens, als ich nach angenehmer Nacht aus meinem Zimmer in das Innere des Wasserturms trat, von Flur kann man nun wirklich nicht reden, wirkte die ungeschminkte gigantische Ziegelkonstruktion echt bedrückend – fast wie ein Verlies oder eine Folterkammer wie in Ritterfilmen aus dem Mittelalter. Im Erdgeschoss wird der Weg zur Rezeption zwischen all den Steinen und Säulen zum Irrgarten.

Doch das lässt sich wohl in einem Wasserturm kaum ändern. Wie sagte die Designerin nach getanem Werk? „Ich misstraue uneingeschränkter Begeisterung und der Perfektion – ich suche immer nach dem Fehler." Recht hat sie. Der Gesamteindruck dieses ungewöhnlichen Domizils bleibt davon freilich unangetastet. Gern sage ich Ihnen warum: Das Frühstücksrestaurant swingt zu Big-Band-Melodien, fröhliche Servicekräfte signalisieren mit allem, was sie tun: Seht her, wir machen nicht einfach unseren Job, es ist für uns Spaß, die Gäste zu verwöhnen. Das Fünf-Sterne-

Büfett wird mit einer derartigen Geschwindigkeit nachgelegt, dass sich jeder Gast beim genussvollen Betrachten als der erste am Morgen fühlt. Das Restaurant mit der merkwürdigen Sprechschreibweise „ d^blju" für „W" ist nur das zweite Restaurant, die Spitzenküche wird im spektakulären Dachgarten „La Vision" in der 11. Etage serviert. Michelin zeichnete Küchenchef Frederik Otto mit dem Stern aus. Damit hat die Millionenstadt erstmals wieder ein Hotelrestaurant mit dem Glanz der besten. Verdient hat Otto die Ehre allemal. Gleich fünf Appetizer, neudeutsch *Amuse bouche* genannt, stimmen auf die folgenden Köstlichkeiten ein, die die ambitionierte Truppe anrichtet.

Sie sehen, auch in einem modernen Hotel können Gäste verwöhnt werden. Wenn Menschen dafür sorgen, dass ein Hip-Hotel eine Seele hat, wird eine langweilige Dienstfahrt mit diesem Ziel zu einer stilvollen und anregenden Erfahrung, auch wenn der Charme der alten Schule vergangener Epochen fehlt. Der wird nicht vermisst.

Zu Gast bei Donald Trump im „Mar-a-Lago"

DIE NACHT IM WOHL TEUERSTEN DOMIZIL DER WELT

Zweimal bin ich vorbeigefahren, habe die versteckte Einfahrt glatt übersehen. Wer den „Mar-a-Lago Club" bei Palm Beach (Florida) beim ersten Besuch gleich findet, hat es sich verdient, verwöhnt zu werden. Es gibt nämlich keine Suchhilfe, kein Namensschild, nicht einmal ein Clublogo am Eingang. Es ist das einzige Mal, dass der Besitzer, „Goldfinger" Donald Trump, seinen Namen nicht plakativ einsetzt. Nirgendwo am Ocean Boulevard, der Florida-Prachtstraße am Saum des Meeres, gibt es einen Hinweis. Das ist so gewollt, gehört zum Konzept des Hotel-Clubs für Privilegierte. Vornehme Anonymität hat in diesem Palast mit einer Kombination von Addison Mizners rosafarbenem Zuckerbäckerstil und ehrfurchtheischender gotischer Kathedrale ihren Preis. So gesehen reicht der angesprochene „Pfadfinder"-Einsatz allein nicht.

Vorher muss die Kleinigkeit von 150 000 Dollar als Aufnahmegebühr pro Nase überwiesen werden und natürlich der Jahresbeitrag. Wer als Clubmitglied auch auf den Trump-Golfplatz möchte und das mit Partner, für den wird erst einmal eine runde Million Dollar für beide Clubs fällig. Darin sind freilich nicht die Übernachtungen in den Prunkzimmern des Palastes oder den herrlichen Suiten im Beach Club enthalten. Damit aber genug von diesem banalen Finanzthema. Geld hat man, aber man spricht nicht darüber.

Bernd Lembcke aus Hamburg, der Hausherr hier, begrüßt mich. „Willkommen, Mister Trump freut sich über Ihren Besuch." Der Manager sagt immer „Mister Trump", nie Donald, Don, The Donald oder Ähnliches, wie all die anderen ihn nennen.

Erster Eindruck: In der imposanten Empfangshalle ist mehr Gold an Decke und Wänden kunstvoll platziert als in Pretoria am Tag gefördert wird. In den „Goldenen Zwanzigern" waren die Prachtbauten für den ersten Ölmillionär Joshua Cosden errichtet worden, 1957 wurden sie von Anna Dodge, der Frau des gleichnamigen Autobauers Dodge, um- und ausgebaut. Die damals 86-Jährige hatte die Pläne selbst entworfen, sie starb eine Woche vor ihrem hundertsten Geburtstag. Donald Trump kaufte das prächtige Anwesen mit viel Land, das als Weißes Haus des

US-Präsidenten für den Winter im Gespräch war, zum günstigsten Zeitpunkt, als überall Geld für Renovierung und Erhaltung fehlte. Der Beach Club, der einst Marjorie Merriweather Post gehörte, die mit dem Prunk zeigte, wie viel Gewinn mit Cornflakes zu machen ist, kam erst in letzter Zeit hinzu.

Hier im Beach Club zu wohnen, ist für mich angenehmer als in der überzogenen Luxusausstattung des Palastes. Mein Bett steht vor der halbkreisförmigen Glaswand mit dem völlig freien Blick auf den blauen Ozean. *A room with a view*, sagen die Amerikaner, einen schöneren Blick kann kein Hotel auf dem Kontinent bieten. In der Suite nebenan, noch größer und mindestens ebenso elegant wohnt Joseph Cinque, der Präsident der *American Academy of Hospitality Sciences* und engster Berater von New Yorks erfolgreichstem Unternehmer und „Mar-a-Lago"-Besitzer.

Donald ist schlau, er schart hier an der Ostküste Floridas seine Freunde um sich und die zahlen für das aufwändige Anwesen. Im letzten Jahr wurde trotz Investitionen erstmals ein Gewinn erwirtschaftet. Die großen Supersuiten im Haupthaus sind Gemächer für Könige und Geldfürsten.

Nicht alle Gäste sind gleich, einige müssen nicht ein Vermögen hinlegen, um gern gesehen zu sein. Bill Clinton ist ein beliebter Einladungsgast, ebenso Rod Stewart, die heisere Röhre mit Haus nebenan, und natürlich Heidi Klum, die Schöne, die Donald *my girlfriend* nennt.

Frage an den Hausherrn: „Haben Sie tatsächlich Freunde?" „Wenige, Einsamkeit ist der Preis meines Business", sagt Donald, „die meisten, die ich hier treffe, sind gute Bekannte. Als Freunde bezeichne ich nur Menschen, die mich brutal, wenn es sein muss auch hinterhältig, verteidigen."

Bevor der Edelclub in die sommerliche Renovierungs- und Auffrischphase startet und in der sommerlichen Schwüle Floridas für Gäste vorübergehend nicht verfügbar ist, gibt es ein Grillfest im wunderschönen Garten unter weißen Schirmen.

Zwischen zwei Ribs bietet Mr. Trump statt Ketchup eine Portion Lebensphilosophie an: „Meine Projekte sind spektakulärer, größer und besser als alles andere. Auch wenn jetzt jeder von Bescheidenheit redet, die Leute lieben Luxus, und meine Projekte ziehen Investoren aus aller Welt an." „Mar-a-Lago" gehört dazu.

Ganz bescheiden im Ruhrgebiet

EIN BETT NEBEN DER DORTMUNDER WESTFALENHALLE

Die Leidensfähigkeit eines häufigen Hotelgastes ist zweifellos größer als die eines Menschen, der sein Haupt allabendlich in heimische Kissen legt und den vertrauten Blick in den eigenen Garten oder auf den See genießen kann. Der Gedanke kam mir, als ich mich in meinem Zimmer 708 des „Park-Hotels" Westfalenhallen in Dortmund umsah. Nicht Blumen oder ein Kärtchen des Managers, der einzige Willkommensgruß stand auf dem Champagnerperlen-geschmückten Bildschirm. Der dazugehörige Name hatte, mit gütigem Herzen gelesen, eine entfernte Ähnlichkeit mit meinem: *Wolfgang Hoomann*.

Erster trauriger Rundblick: Unpersönlicher kann ein Hotelzimmer kaum eingerichtet sein. Auf dem Bett liegt ein einsames Kissen, im Bad ein einziges Badetuch. Apropos Nasszelle: Bei der Größe einer Besenkammer die Meisterleistung der Innenarchitektur schlechthin. *Chapeau!* Auf engstem Raum Waschbecken, schmale Duschkabine, Wandheizung und eine Pressdose mit Seifenschaum, die ich so liebe wie die Stecknadeln im neuen Oberhemd …

Das selbst bescherte Prädikat *First Class* steht als Zusatz zu Parkhotel am Eingang und auf dem Briefpapier. Wenn Sie, wie ich, 25 Jahre mit der Hotellerie verheiratet sind, dann haben Sie zwangsläufig jede Menge Übertreibungen und blumige Reklameformulierungen erlebt. Aber *First Class* für Sirupbirnen und Ananas aus der Dose im morgendlichen Fruchtsalat, der Schuhputzservice mit der Maschine auf dem Flur und ein zweiter Servicegang am Abend erst gar nicht eingeplant, da ist *First Class* in der Abteilung Schönreden aussichtsreich für das Guiness-Buch der Rekorde. Im Kleiderschrank laufen die Bügel auf Rollen, damit sie nicht geklaut werden. Hat man im „Parkhotel" so schlechte Erfahrung mit seinen Gästen gemacht? Ich schalte das Licht im Bad ein und erahne etwas vom ersten Tag der Schöpfungsgeschichte. Mit Knistern und Blitzen wird es tatsächlich hell. Da ist es schon nicht mehr überraschend, dass der Weckruf vom Band kommt. Ein Zuhause, fernab von daheim?

Unten in der Lobby stehen die, die tagen, auf der Anzeigetafel: Viermal sind es SPD-Gremien. Dient auch nicht dazu, meine Stimmung zu verbessern.

Wie meine Freunde entschuldigend betonen, gäbe es in der dynamischen Stadt mit mehr als 600 000 Einwohnern kein einziges Hotel, das besser sein soll. Und das bei namhaften Großunternehmen und Konzernen von internationalem Rang. Dazu die Fußball-Borussia, die zwar landesweit in der Beliebtheitsskala weit hinter der aus Mönchengladbach hinkt, aber stets für ein volles Stadion sorgt und zigtausend Menschen anzieht. Trotz der geschilderten Vielfalt gäbe es für ein wirklich gutes Hotel in dieser Stadt keine Klientel, sagt mein Freund Gerd, der sich hier auskennt.

Beim Abendessen zwischen der Praline von der Stopfgansleber und geröstetem Steinbutt mit Glasnudeln in Kokos-Curry-Sud fällt mir seine Marktanalyse wieder ein. Wohlgemerkt, ich bin immer noch in Dortmund, ob Sie es glauben oder nicht. Wir sind bei Thomas Bühner und seiner Lebensgefährtin, Restaurantleiterin Thayarni Kanagaratnam (Ma tre des Jahres) zu Gast. Hier im Restaurant „La Table" (im Casino) erlebe ich eine Genussorgie, eine Hochklassigkeit, wie ich sie in höchstens sechs weiteren Restaurants in Deutschland erlebt habe. Die Kreativität der Küche ist beeindruckend. Wo wird Ihnen heutzutage gegrillter *Loup de Mer* auf Tandoori-Risotto mit Meeresfrüchten im Zitronengrassud oder Rehrücken im Dunst exotischer Früchte geschmort noch serviert? Da wundert es mich nicht, dass jeder Tisch im Zwei-Sterne-Tempel besetzt ist. Keine Klientel für Klasse und Genuss in Dortmund und bei den Gästen, die die Stadt besuchen? Kaum zu glauben! Bühners Preise liegen zu Recht deutlich über denen aller Hotelrestaurants.

Hier wird derart genussvoll und erfolgreich gezaubert, so kultiviert getafelt, dass ich mit Bedauern an die Investoren denken musste, die zurzeit alle in die rappelvolle Hauptstadt Berlin drängen, wo es übrigens nicht ein Restaurant von der Klasse des „La Table" gibt, dafür ein unglaubliches Überangebot in der Hotellerie. Rund 5 000 weitere Betten kommen in Vier- und Fünf-Sterne-Hotels in den nächsten Monaten noch hinzu. Dabei gibt es für die eingeführten großen Namen wie „Adlon", „Palace", „Grand Hyatt" und „Four Seasons" schon Kampf genug, um in Zeiten wirtschaftlicher Verunsicherung überhaupt kostendeckend über die Runden zu kommen. Mir bleibt völlig unklar, warum sich „Ritz-Carlton", „Mandarin Oriental", „Arabella-Sheraton" oder „Rocco Forte" aufmachen, in der Hauptstadt Verluste zu programmieren, aber einen konkurrenzlosen Markt wie die Westfalen-Metropole nicht ins Auge fassen. Da bleibt Zimmer 708 wohl unauslöschlich in Erinnerung.

Wenn der Gastgeber die Koffer trägt

„FOUR SEASONS"-SERVICE ZUR BERLINALE

Für das palastähnliche Grandhotel „Regent Beverly Wilshire" in Los Angeles ist Hollywood mit seinen Filmstars Alltag, sieben Tage, Woche für Woche, für das Berliner „Four Seasons" am schönsten deutschen Platz, dem Gendarmenmarkt, hebt sich für die kurze Berlinale-Zeit der Vorhang. Der Mann an der Rezeption ist kein Kinofan, der Unterschriften von Zelluloid-Promis sammelt, doch an diesem Februartermin gehört Autogramme entgegennehmen für ihn schlicht zum Arbeitsalltag. Allein zweiundzwanzig bedeutende Schauspieler und Regisseure checkten an einem einzigen Tag ein, von Dustin Hoffman bis Julia Roberts, Sie wissen schon, die aus *Pretty Woman*.

Die Erfolgsstory dieser Hollywood-Komödie ist simpel und schnell erzählt: Unternehmer holt Mädchen Vivian (Julia Roberts) von der

Straße. Sie, ebenfalls Unternehmerin – in Sachen Liebe, auf Stundenbasis, gegen bar –, räkelt sich auf Bett, Boden und in der Bar. Amüsante Szenen im prächtigen Hotelrahmen dieses Domizils. Das Personal war für die Dreharbeiten komplett gegen eine Schauspielerriege ausgewechselt worden. Die vielen echten Stars, die hier täglich als Gäste ein- und ausgehen, wurden dankend als Komparsen genutzt. Ist eben alles Hollywood, wo Hollywood draufsteht. Für eine mögliche Neuauflage des Streifens würde sich das Berliner „Four Seasons"-Hotel anbieten. Hier brauchte der Hoteldirektor mit seiner tragenden Rolle nicht einmal gegen einen Schauspieler getauscht werden. Der Wiener Charakterkopf Stefan Simkovics bewegt sich routiniert auf der Bühne, die ein Hotel nun mal ist, und überzeugt gleichzeitig als engagierter Dienstleister.

Lange vor der Berlinale hatte ich im holzgetäfelten Clubzimmer im zweiten Stock des Hotels ein Abendessen mit Freunden arrangiert, ohne an den Hollywood-Auftrieb zu denken. Wir Unwichtigen, ohne kreischende Fans vor der Tür (von RTLs bestem Moderator Wolfram Kons neben mir am Tisch einmal abgesehen), wurden von Küchenchef Drew Deckman mit der gleichen Sorgfalt verwöhnt wie eh und je, Salat von kanadischem Hummer, Jacobsmuscheln an Zitronengras und Kalbsrücken rosa gebraten, Sternequalität.

Gleich nebenan genossen die Gäste aus Kalifornien ihr *home away from home*. Dass trotz des Trubels niemals Hektik aufkam, dafür war der Hausherr entscheidend. Sein wichtigstes Handwerkszeug ist unsichtbar: Fingerspitzengefühl, Diskretion, Menschenkenntnis. Simkovics setzt um, was in unserer Zeit von selbstverständlich auf außergewöhnlich abgetrudelt ist: Er fühlt sich als erste Servicekraft in seinem Hotel, ohne jemals an Würde zu verlieren. Simkovics geht in die Tiefgarage, begrüßt Dustin Hoffman beim

Aussteigen aus dem Maybach, hebt selber das Gepäck aus dem Kofferraum. Nachts um drei, als Leonardo Di Caprio Hunger bekommt und die Küche verwaist ist, schlägt der Herr Direktor

Eier in die Pfanne. Für Nicolas Cage organisiert er einen Schnelltransport für den Lieblingswhisky aus Irland. Nicole Kidman bekommt nebenan in Deutschlands bekanntestem Restaurant „Borchardt" eine eigene Party. Simkovics öffnet ihr die Feuertür nach nebenan, damit sie nicht über die Straße muss. George Clooney bekam zur nächtlichen Stunde den gewünschten schwarzen Anzug verpasst, Super-100-Qualität, im Kleidersack verstaut, aus dem nahe liegenden Modehaus organisiert. Michael Douglas freut sich über eine große Schale mit exotischen Früchten, Simkovics bringt sie selber in die Suite, agiert Minuten später im Wechsel als Moderator an der Bar und Empfangschef in der Lobby.

Die Leinwandkomödie war für das „Regent" die beste Reklame, die jemals ein internationales Hotel bekommen hat. Zur Berlinale, einem der größten deutschen Kulturereignisse, schickt Hollywood ein paar Strahlen der wärmenden PR-Sonne in das einzige deutsche Hotel der kanadischen Edelgruppe. Nächste Woche ist dann wieder deutscher Alltag, für das Team und den Chef.

Traube Tonbach und Kurhotel Bareiss

WALLFAHRTEN ZUM
SECHS-STERNE-DORF

Das mit den Deutschen an den Schalthebeln der internationalen Hotellerie ist gewiss alles andere als Zufall und Gott gegeben. So schlecht der schulische Wissenstand hierzulande laut Pisa auch sein mag, die Fachausbildung, unsere gute alte Lehre zum Hotelkaufmann, zum Koch oder zum Serviceexperten ist beispielhaft. Und dass es in Deutschland genügend junge Menschen gibt, die zusätzlich zur fachlichen Kompetenz mit großer Herzlichkeit und Bereitschaft den Gast pflegen, dafür steht allein schon der Name einer Gemeinde, die vom Service und vom Kulinarischen absolute Weltspitze verkörpert: Baiersbronn, das sonst verschlafene Schwarzwaldnest mit Hohe-Tannen- und Sieben-Berge-Märchenkulisse. Nennen wir es knapp das „Sechs-Sterne-Dorf" und konzentrieren wir uns auf die beiden besten Ferienhotels hierzulande: die „Traube Tonbach" und das „Kurhotel Bareiss". In sämtlichen Ranglisten belegen sie die beiden ersten Plätze und ohne die faire Konkurrenz des jeweils anderen wäre wahrscheinlich keiner so außergewöhnlich gut, wie das heute der Fall ist. Tradition und Schwarzwälder Lebensart werden bewahrt und mit zeitgemäßem Komfort kombiniert, der alte Begriff „Sommerfrische" dabei durch „Genusswochenende" ersetzt, das muffige „Voll- oder Halbpension" heißt hier „kulinarischer Ferientag". Gemeint ist dasselbe, nur viel feiner.

Neben perfektem Wellness-Angebot und anderen messbaren Vorzügen wie Ambiente und Kulinarik erlebt der Gast vor allem Zuwendung und Service von einer Perfektion, die er sonst nur durch Asiens sanfte Anmut oder in teuren Hotelpalästen, Stilrichtung Toronto-Barock erwartet (*sorry*, „Four Seasons").

Stets wird der Gast eskortiert und hingebracht, wo er hin möchte. Man spürt das permanente Bemühen um jeden Einzelnen. Der Einsatz kommt von Herzen, das Lächeln ist nicht aufgesetzt, in der „Traube" nicht und nicht bei „Bareiss".

Wo immer Sterne darauf sind, in dieser stillen Gemeinde, ist auch der Besitzer drin. Heiner Finkbeiner und seine Familie in der „Traube Tonbach" mit dem besten Restaurant im Lande, der „Schwarzwaldstube", wo Harald Wohlfahrt kocht. Und bei „Bareiss" ist es Hermann Bareiss, der das Hotel seiner Mutter ausbaute, ausstaffierte und mit seinem Restaurant, in dem Claus-Peter Lumpp Regie führt, den dritten Stern fest im Visier hat. Keiner der Köche mehrt mit seiner Kunst Ruhm und Gewinn anonymer Aktionäre oder breit aufgestellter Hotelketten. Auch eines der Erfolgsgeheimnisse. In den Restaurants freut man sich über die schnelle Erkenntnis, dass Kellner feinfühlige Betreuer und nicht Folterknechte der zahlenden Gäste sind.

Wir haben die Spitzenrestaurants fast vergessen, als wir in den rustikalen, duftenden holzverkleideten Köhler- und Bauernstuben sowie dem Uhrenzimmer verwöhnt wurden. Gut gemachte Bratkartoffeln mit Sülze, frischer Feldsalat mit Kartoffeldressing und ausgebackenen Speckwürfeln, in Rotwein geschmorte Hasenkeulen – da wird einem bei jedem Bissen deutlich, dass die Genussgastronomie nicht ausschließlich Sache der zwangsläufig hochpreisigen Sterneküche ist. Die liebevollen Details wirken für sich und sind unbezahlbar. Das gilt auch für die Einrichtung der Zimmer und Suiten in beiden Hotels. Das Willkommen-Herz an der Tür für Anreisende, Blumen und Ausstattung, der Nachmittagstee, die besonderen Betthupferl, der perfekte zweite Servicegang. Gäste, die sich in der „Traube" oder bei „Bareiss" nicht wohl fühlen, haben das Genießen verlernt.

Wer besser ist? Wie wollen Sie die Strahlkraft zweier Himmelskörper weit weg vom irdischen Aussichtspunkt vergleichen? Unterschiede, Stärken und kleine Schwächen, wo Menschen für Menschen im Einsatz sind, gibt es gewiss, aber eine Wertung mit Rangfolge wäre gleichermaßen richtig und falsch zugleich, also zwei auf Platz eins. Hochverdient.

Auch das dritte Hotel im Ort mit Sterneküche bereichert die Palette: der „Schlossberg" mit Jörg Sackmann, dem Kreativen. Ebenso die einfachen Gasthäuser, die sich in der Nachbarschaft der Nobeldomizile angesiedelt haben und mit geradezu sensationellem Preis-Leistungs-Verhältnis glänzen. Das „Landhaus Eickler" zum Beispiel mit Übernachtungspreisen ab 19,50 Euro und Menüs ab 9,50 Euro zeigt, dass die Schwarzwaldgemeinde auch ein Reiseziel für kleine Budgets ist.

Daunen oben, Daunen unten

WIE MAN SICH BETTET, SO SCHLÄFT MAN

Kuscheliger geht's wohl kaum. Daunen oben, Daunen unten, für den Kopf ein hauchzartes Kingsize-Kissen: Im „Ritz-Carlton" Wolfsburg beherrscht der Luxus selbst den Schlaf. Das Hotel war von VW-Chef Ferdinand Piëch initiiert worden und schon vor der Eröffnung die Sensation, weil das erste „Ritz-Carlton" in Deutschland überall in den Metropolen vermutet wurde, nur nicht in der abseits gelegenen Autostadt, im „niedersächsischen Sibirien". Es wurde eine Menge investiert, um den Urgedanken des Hotelbetriebes umzusetzen, nämlich ein perfektes Bett für die Nacht zu garantieren. Irgendwie habe ich hier noch besser geschlafen als zu Hause.

Gewiss sind Hotels längst nicht mehr nur zum Schlafen da, sondern ebenso Salon, Treffpunkt, Besprechungsort, Laufsteg zugleich und natürlich Bühne für den inszenierten Auftritt des Gastes. Aber der stellt zusätzlich auch ständig höhere Ansprüche an den Schlafkomfort und ärgert sich über Defizite. In allzu vielen, auch führenden Hotels verkamen die Betten zur Nebensache. Durchgelegene Matratzen, grobe Bettwäsche, eingezogene drahtsteife Grobdecken, alles Schandbilder jahrelanger Vernachlässigung. Die Daunenkönige von „Ritz-Carlton" haben in diesem Dilemma eine echte Marktlücke erkannt.

Andere Hotelgruppen sind der ganz besonderen Pflege der Nachtruhe prompt gefolgt. „Westin" (gehört zum Starwood-Konzern)

startete die Aktion *Heavenly Bed* – optimaler Schlafkomfort, und das gleich in 17 europäischen Häusern.

Wer gut geruht hat und den dauerhaften Eindruck nicht mehr missen will, kann in der „Ritz-Carlton"-Boutique die komplette Kuschelausstattung kaufen und mit nach Hause nehmen. Auch „Westin" praktiziert das Nebengeschäft mit Erfolg. 2 500 Bestellungen für die begehrte „Schlafen wie im Himmel"-Garnitur liegen bereits vor. Luxus kostet, wie Beratungsfirma McKinsey feststellt, grundsätzlich sechsmal so viel wie ein biederes Teil des bloßen Bedarfs. Doch wer fragt schon nach dem Preis bei Dingen, die das Leben im Alltag oder beim Ruhen schöner machen?

Weil das so ist und uns vieles in unseren Lieblingsdomizilen, fernab von daheim, so gut gefällt, verhökern die Hotels jetzt auch noch andere Elemente, die Gäste manchmal klammheimlich ohne Bezahlung mitgehen lassen: Bademäntel und Handtücher mit Logo, spezielle Shampoo- und Duschserien im Bad, selbst die muschelförmigen Waschbecken im „Caesar's Palace" in Las Vegas, die Art-déco-Lampen aus dem „Mondrian" in Los Angeles oder die dekorativen Elefantenbüchsen (zugeschweißt) der „Momella Safari Lodge". Und in einem kleinen nordkalifornischen Ranch-Hotel wird gleich das ganze Inventar vermarktet: *Take it as you see*, lautet die Aufforderung am Empfang. Alles zum Mitnehmen.

Spitzenreiter der unveröffentlichten Ranglisten solcher Hotelnebengeschäfte sind aber eindeutig die Utensilien zur „Guten Nacht". Filmstar Julia Roberts verdeutlichte den Trend durch sanfte Übertreibung. Sie gab nach einer Nacht im New Yorker „Four Seasons" den Auftrag, die Matratze gleich einzupacken und nach Long Island zu liefern.

Notizen aus der US-Service-Wüste

EIN BESTECK FÜR FRÜCHTE, FISCH UND KÄSE

Neulich in Monterey. „Double Tree Hotel" heißt das Domizil einer Hotelgruppe mit gepflegter Mittelmäßigkeit: Selbst gebackene vier Sterne (ehrliche zweieinhalb, hört sich nicht gut an), vierhundert Zimmer, viel Betrieb in der Lobby. Weil es keinen Concierge gibt, fragte ich an der Rezeption nach einem Flugplan von Monterey. Die Antwort knapp und wenig hilfreich: „Wir sind doch keine Reiseagentur."

Morgens beim Frühstück: Das Obstbesteck hatte ich mit den Früchteresten auf den Teller gelegt, wartete auf die Spiegeleier. Der Kellner serviert nach olympischem Prinzip, er schleuderte das Tablett wie einen Diskus vor mich hin. Ich bat um Messer und Gabel. Die Antwort war nur ein knappes Hindeuten mit dem Kinn auf den Obstteller. Auch ohne Worte wollte er mir klar machen: Nimm gefälligst das Besteck von vorhin noch einmal! Der Höhepunkt: Die gefrustete Zimmermaid zog das zerknitterte Bettzeug grob oberflächlich in Form, als ich ins Zimmer kam. Nach meinen Protest wechselte sie die Wäsche, zog das Laken ordentlich straff – und rächte sich für den eigentlich selbstverständlichen Wunsch brutal, nachdem sie wieder allein im Raum war. Im Tiefschlaf, nachts um drei Uhr, brüllte der auf maximale Lautstärke gestellte Radiowecker los: Es war wie die Invasion der Außerirdischen. Panikstimmung in der Dunkelheit. Wo steht das verdammte Ding? Der Nachbar im Zimmer nebenan wurde gleich mit aus

allen Träumen gerissen, hämmerte wütend an die Wand. Serviceeindrücke aus dem oft zitierten Dienstleistungs-Wunderland USA. Tatsächlich sind es auch in der Neuen Welt nur wenige Restaurants und Hotels, die den Ruf zur Legende werden ließen: „Ritz-Carlton", das dafür gleich zweimal mit dem höchsten Qualitätspreis der USA ausgezeichnet wurde, der aktuelle Weltchampion im Luxusbereich „Four Seasons", „Rosewood", „Peninsula" bleiben Ausnahmegruppen und ebenso ein paar ungewöhnliche Restaurants wie „Bouley", „Palmer" und „Jean George Vongerichten".

Service, das ist aber nach allgemeinem Verständnis die liebenswerte Hilfestellung im Alltag, der Handschlag zum unbeschwerten Genießen in allen Preisklassen (natürlich abgestuft). Dabei spielt es nur eine untergeordnete Rolle, ob die Abläufe handwerklich oder branchentechnisch perfekt sind, ob von links oder rechts serviert wird, wenn es nur freundlich und mit erkennbarer Herzlichkeit geschieht.

Für das Personal darf beim Bedienen kein Gedanke an Abwertung oder gar an Unterwürfigkeit aufkommen. *Ladies and Gentlemen are serving Ladies and Gentlemen* – dieses Motto des größten Hotelvisionärs aller Zeiten, des „Ritz-Carlton"-Gründers Horst Schulze, bringt den

Gedanken auf den Punkt. Hüben wie drüben. Diese Art von Service gibt es gewiss auch bei uns. Der oft zitierte Begriff von der Service-wüste Deutschland ist in unseren guten Hotels längst nicht mehr angebracht.

Der Concierge –
die Seele vom Hotel

WAHRE GESCHICHTEN AUS DEM
ALLTAG GUTER GEISTER

Haben Sie zufällig im Fernsehen den Film „Ein Concierge zum Verlieben" gesehen? Dem Hollywood-Streifen, der hauptsächlich im Hotel spielt, waren hohe Einschaltquoten beschieden, mit dem Alltag in der Hotellobby hatte die Kuschelstory allerdings wenig zu tun. Die Kernaussage aber, dass der Concierge die Seele eines jeden guten Hotels sei, die gilt auch in der täglichen Praxis.

Einer der besten seiner Zunft ist in Deutschland gewiss der Chef-Concierge im Berliner „Adlon", Raffaele Sorrentino, der mit vier weiteren Mitarbeitern rund um die Uhr Unmögliches möglich machen soll. Erst kürzlich war die Tochter eines Stammgastes in Amsterdam gelandet, ohne Papiere, ohne Geld. Ihre Tasche war vor dem Abflug im New Yorker Airport verloren gegangen. Nun saß sie fest, durfte nicht nach Ber-

lin weiterreisen, nicht einmal den Flughafen verlassen. Sorrentino ließ seine Beziehungen spielen,
ein befreundeter Concierge in Amsterdam brachte der unglücklichen Frau Geld. Gleichzeitig
glühten die Drähte zur Botschaft in Den Haag.
Schließlich stellte das Hotel 20 000 Dollar Kaution
und der Gast konnte mit einem Ersatzpass nach
Berlin weiterreisen.

Für Sorrentino eine Alltäglichkeit, nur eine
von unzähligen Hilfsaktionen. Manchmal sind
die Wünsche der Gäste allerdings so ausgefallen,
wie es sich nicht einmal Drehbuchakrobaten von
Filmstorys vorstellen können. Was beispielsweise Josef Paulke, lange Zeit Chef-Concierge im

„Mansion on Turtle Creek" in Dallas, einem der besten Hotels der Welt, an einem ganz normalen Arbeitstag regeln sollte. Da verlangte der Gast aus der Suite 708 mal eben ein Düsenflugzeug. Der Ölunternehmer wollte keine Plätze buchen oder einen Jet mieten, kaufen wollte er, gleich, sofort. Paulke recherchierte, organisierte, stellte Verbindungen her, wird von einem anderen Gast, einem Stammkunden auf 349, unterbrochen. Der wünscht am Nachmittag, mit einem schwarzen Araberhengst hinaus in die Prärie zu reiten. Geschwindigkeit ist keine Hexerei, Pferd bestellt, Sattel besorgt. Schließlich wird Paulke gebeten, für einen auf Antiquitäten fixierten Geschäftspartner zum Geburtstag einen Engel aus dem 16. Jahrhundert zu besorgen. Ein Glück, dass ein guter Concierge die besten Adressen kennt. Nur die Wünsche nach lebenden, leicht gestrauchelten Engeln auf dem Weg zu einsamen Herren werden im „Herrenhaus am Schildkrötenbach" (so die Übersetzung des Hotelnamens), das zur „Rosewood"-Gruppe gehört, nicht erfüllt.

Scheich Mohammed Al Maktoum aus Dubai machte den Portier des Hamburger „Vier Jahreszeiten" sprachlos, als er ihn bat, zehn Milchkühe mit Stammbaum und Gesundheitszertifikat aus der Nordheide zu besorgen. Auch hier wurde das Geschäft reibungslos abgewickelt. Der Scheich zahlte bar und ließ die Kühe mit einem Lufthansa-Spezialtransport nach Dubai bringen.

Amerikas bester Concierge, Jack Nargil, einst Assistent eines Senators, später Präsident seiner Berufsvereinigung, wurde „Petrus der Hauptstadt" genannt, weil er jedem guten Gast Tür und Tor öffnen konnte. Ich lernte ihn im „Four Seasons Washington" kennen. Dem Chef der Nebraska Bank, der sich neu orientiert und seinem jungen Glück das Finale in Wimbledon versprochen hatte, besorgte Nargil in zwei Stunden Concorde-Flüge, Limousinenservice in London, Tribünenkarten am Center Court und das Abendessen bei Sternekoch Mosimann. Nur einmal musste er passen, als eine Schauspielerin aus San Diego ihn bat, doch persönlich einen Stadtplan in ihre Suite zu bringen, und sie ihn dann in aller Offenheit textilfrei empfing. Ein Concierge im wahren Leben wird auch da nicht schwach.

Gwendolin sorgt für Wohlfühlatmosphäre

EIN SONNENSCHEIN IM PARISER
GEORGE V. – FOUR SEASONS

Sind die Spanier im Hotel zu stolz, um guten Service zu zelebrieren? Und die Portugiesen zu oft traurig, in gleichgültig machender Fado-Stimmung? Warum ist das Personal in französischen Hotels so arrogant (vor allem gegenüber Ausländern)? Und die Deutschen, denen man zwar Fleiß und Sorgfalt nachsagt, tun die ihren Job ohne Herzlichkeit und ohne die Vorherrschaft eines Lächelns?

Wer ständig in fremden (Hotel-) Betten schläft, findet alles bestätigt (manchmal) und ebenso widerlegt (häufiger). Denn mehr als landsmannschaftliche Eigenarten oder Philosophien und Credos der Topgruppen sind die oder der einzelne Angestellte, auf den der Gast im Hotel trifft, entscheidend.

Selten wurde mir das so deutlich wie im „George V.", dem „Pariser Four-Seasons"-Haus, das die Gäste durch Prunk und Detailpracht begeistert, ja atemlos macht. Doch in der ersten Phase nach der Wiedereröffnung war ich dennoch enttäuscht wegen der unübersehbaren Serviceschwächen.

Bei einem meiner späteren Besuch stand für den gravierenden Unterschied zu damals ein Name: Gwendolin. Sie ist blond, zierlich, jung, von offensiver Freundlichkeit und kommt, man mag es bei so viel Charme kaum glauben, aus stiller deutscher Provinz, aus Fulda. Ich traf sie in der unverschämt pompösen Lobby des aufwändigsten Hotels Europas. Sie begleitete mich als Guest Relations Manager aufs Zimmer 124 (mit herrlicher Dachterrasse), war Garantin für die gute Stimmung in der Lobby-Lounge, vermittelte, regelte, verbreitete Sonntagsfröhlichkeit. Weil sie im Hotel kein Einzelfall ist, sondern eine ganze Brigade engagierter, dienstbarer Geister (an der Rezeption, beim Frühstück, Weinberatung und Housekeeping) agiert, strahlt das „George V." heute noch heller als alle seine Goldleisten und Lüster.

Wie ist diese Entwicklung zu erklären? Wie schaffen es außergewöhnliche Hotels, dem Gast diese Wohlfühlatmosphäre zu vermitteln, die nichts mit der 130-Millionen-Euro-Investition in die Ausstattung zu tun hat? Es ist ausschließlich die Servicequalität, die erstens durch sehr ausführliche Einstellungsgespräche erreicht wird, bei denen festgestellt wird, ob der zukünftige Mitarbeiter die Pflege des Gastes als eine Art Kunst oder nur als Job ansieht. Wenn die persönliche Veranlagung eines Menschen zur angestrebten Aufgabe passt, ist der Erfolg bereits zur Hälfte garantiert.

Die zweite Voraussetzung ist die intensive und einfühlsame Schulung des Personals. „Four Seasons" stellt dem Neuling einen Paten zur Seite, der ihm den richtigen Weg zeigt. Die Wünsche des Gastes sollen erfüllt werden, bevor er sie ausgesprochen hat. Das klingt paradox, ist es aber nicht, wenn Mitarbeiter wie Gwendolin den wertvollen Kunden stets beobachten und ihn mit Herzlichkeit umhegen. Frühere Sünden im Prachtpalast sind verbannt. Keiner versucht mehr, den Gast zu bekehren und zu belehren.

Mit der Kombination von vorzüglichen Zimmern und Servicequalität ist das „Four Seasons" die Nummer eins in der Metropole an der Seine. Glückwunsch an den Chef des Hauses, Didier Le Calvez.

Nach etlichen neuen Hotels und einigen Wechseln bitten mich Vielreisende häufig um weitere aktuelle Empfehlungen für die extrem teure und dennoch außergewöhnlich gut ausgelastete Pariser Hotellerie. Fest gefügt und unverrückbar wie eine Festung stand lange Zeit das „De Crillon" vor dem „Plaza Athenée" und dem „Bristol" an der Spitze. Das vornehme „Ritz" gehörte ebenfalls dazu, wäre der Service nicht so extrem bescheiden. Heute ist für mich die Nummer zwei das brandneue „Park Hyatt Vendôme", das den klassischen Schick der Kulturmetropole mit modernem Design und den schönsten Bädern der Stadt verbindet.

„Bäder müssen sexy sein", war die Vorgabe vom „Hyatt"-Präsidenten Bernd Chorengel. Sie wurde vorzüglich umgesetzt mit raffinierten, sinnlichen Formen und Materialien wie exotischem Holz von den Antillen und cremefarbenem Kalkstein.

Edelsuite und Chauffeurszimmer

GROSSE UNTERSCHIEDE IN DER ZIMMERQUALITÄT

Neulich im ehrwürdigen „Savoy" in London, dem Hotel, das als Englands Stolz gehätschelt und seit 1889 mit Ehrfurcht gepriesen wird. Der Bau des Hotels war in jenem Jahr während einer Opernaufführung beschlossen worden. Richard D'Oyly Carte wollte für seine Besucher aus aller Welt das prächtigste Domizil des Königreiches schaffen, vornehmer und britischer als ein *Five o'clock tea* bei der Queen.

Ich hatte über eine Agentur reserviert, kein *upgrade* also in eine der Royal-Suiten, deren weitläufige Pracht man häufig in den Hochglanzmagazinen sieht und die für die höchste Schwellenangst in der Branche sorgen. Ich wurde in eines der kleinen Einzelzimmer geleitet, mit Türen wie aus Sperrholz und kleinen muffigen Vorfluren. Statt Antiquitäten alter Plunder. Fensterloses Bad, Toilette in der Nasszelle. Das winzige Zimmer kostete 500 Euro und stand im krassen Gegensatz zum Glanz-und-Glamour-Bild des geschichtsträchtigen Domizils. Natürlich ist das kein Einzelfall.

Zeigen Sie mir ein einziges Hotel, sagen wir von der oberen Mittelklasse aufwärts, das nicht wenigstens eine Paradesuite eingerichtet hat, die zum Vorzeigen, Fotografieren, Repräsentieren genutzt wird, die aber häufig wenig Aufschluss

über die übrigen Zimmer und die Qualität des Hauses gibt. Die besonderen Räumlichkeiten, ausgestattet für Genuss und Wohlbefinden, belegen deutlich, dass der Inhaber natürlich weiß, was von einem perfekten *home away from home* erwartet wird. Logisch, dass die Vorzeigesuite in der obersten Etage liegt, mit dem schönsten Blick aus dem Fenster auf Wasser und Wald. Oben hui, unten pfui! Die Kämmerlein zu ebener Erde, neben der Küche, den oft nervenden Fahrstühlen oder der lauten Hotelbar, werden bei offiziellen Anfragen wie uneheliche Landkinder versteckt. Ich beispielsweise schaute auf eine verwitterte Wand.

Wie bewertet man nun die teuren Nobelherbergen objektiv, um ehrliche Tipps geben zu können? Frühmorgens, wenn die Brigade der Zimmermädchen ausrückt, schlägt die Stunde der Wahrheit. Da eröffnet sich die Möglichkeit, auch diese Chauffeurszimmer, wie sie im Branchenjargon genannt werden, anzusehen, diese Kemenaten, die kaum mehr bieten als ein Bett für die

Nacht. Gewiss, nichts altert schneller als ein Hotel, und um bautechnisch und von der Einrichtung her ständig auf der Höhe der Zeit zu sein, sind gewaltige Investitionen nötig. Doch meistens reichen die Mittel nur für die teuren Etagen …

Häufigste Schwachstelle ist das Bad, oft ein vernachlässigter, unschicker Ort. In modernen Spitzenhäusern entstanden dagegen elegante, marmorgetäfelte Wohlfühlbereiche mit Sprudelwanne, großzügigen Ablagen, begehbarer Dusche und separatem WC. Im Idealfall gibt es ein kleines, zweites, Gästebad. Die Gestaltung der Bäder ist eines der wichtigsten Kriterien für die Klasse eines Hotels, aber ebenso die Lobby, die Restaurants oder das Wellness-Center. Der gesamte *Hardware*-Bereich schafft freilich nur den Rahmen für den Service als die Seele, die aus einem Hotelaufenthalt ein Erlebnis macht. Das übrigens versöhnte mich mit dem „Savoy", hier wird jeder wie der private Gast der königlichen Familie verwöhnt.

Eine Ode an das „Adlon"

GÄSTEPFLEGE WIE ZU ZEITEN VON LORENZ ADLON

Freitagsgedränge auf den Straßen. Hupkonzert am Brandenburger Tor. Eine Drehtür, die zaubern kann, Großstadtlärm in sanfte Pianomusik, Teergeruch in Blumenduft verwandelt und aus der schrillen Berlin-Symphonie eine elegante Weise macht. Wir sind zu Gast im „Adlon". Es war der fünfte Jahrestag der Wiedergeburt, als ich eincheckte. 1997, exakt 52 Jahre nachdem das alte „Adlon" in den letzten Kriegstagen ausbrannte, wurde die Auferstehung einer Legende gefeiert. Unabhängig von der nostalgischen Optik wurde die Philosophie übertragen, kein Quartier für Eilige zu sein, sondern eine Residenz für Reisende, die einerseits die Stunden in kultivierter Umgebung genießen, aber auch gern auf die Suche nach Historie und Kultur gehen. Ein Page eilt heran, trägt das Gepäck zur Rezeption. Betrieb in der Lobby, viele bekannte

Gesichter sind darunter, ebenfalls in der Dreier-
reihe vor der Bar. Mit einem kleinen Schlüssel
durch einen Mikrochip codiert öffnet der Page
die wuchtige Holztür zum Zimmer 260. Automatisch schalten sich die Lichter in Flur, Zimmer
und Bad ein. Gut vierzig Quadratmeter sind ge-
diegen und funktionell ausgestattet. Kritischer
Rundblick: Nichts fehlt, kaum etwas stört. Mit
der Fortsetzung von Erfolgsgeschichten ist das

so eine Sache. Häufig genug hält die aktuelle
Realität den aus Erinnerung und Phantasie gebo-
renen Vorstellungen nicht stand. Im „Adlon" ist

das anders. Es war lange Zeit Mode, auf Berlin zu schimpfen. Pleitestadt am Tropf, Frontstadtnostalgie, heruntergekommene Infrastruktur, Currywurst- und Eisbeinkultur. Auch das „Adlon" wurde anfangs nicht verschont: Zu teuer, zu elitär, nörgelten einige, die nur ein Bett für die Nacht suchten, und das ausschließlich günstig. Doch Luxus kostet, wie die Berater von McKinsey feststellten, grundsätzlich sechsmal so viel wie ein biederes Teil des bloßen Bedarfs. Doch wer fragt schon nach dem Preis bei Möglichkeiten, die das Leben im Alltag oder eben beim Ruhen schöner machen?

So wie eine Reservierung im „Adlon": In den ersten fünf Jahren kamen 550 000 Gäste in das Genießerhotel. Sie leerten 32 400 Flaschen Champagner und 125 000 Flaschen Wein. Sie speisten im „Lorenz Adlon", einem der teuersten Gourmettempel Deutschlands, genossen Wellness, Wasserspeier, Wintergarten und den Room-Service, der damals zu Kaisers Zeiten schon angenehm und schnell war und es heute wieder ist.

Jean K. van Daalen, der Mann am Dirigentenpult, meistbeneideter Hoteldirektor in der Branche, verkörpert den Lorenz Adlon unserer Tage – cool, musisch, gelassen, immer im Lot. Hinter den Kulissen aber drücken und quälen ihn die enormen Gewinnerwartungen der Hotelgesellschaft Kempinski, die vor allem von der

Adlon-Klasse lebt und sich damit schmückt. Da gibt es keine Rücksicht auf die heftigsten Verluste aller deutschen Hotels nach dem 11. September oder auf die Pacht, die das Adlon erbringen muss. So hat die Außenwirkung, das eingängige Bild des perfekten und scheinbar unbekümmerten Gastgebers, etwas vom disziplinierten Seelenleben eines Clowns.

Traumjob? Ja, aber mit gnadenlosen Rahmenbedingungen. Für den Gast alles kein Thema. Wenn Sie Berlin schon immer besuchen wollten und sich mit Wohngenuss selbst verwöhnen möchten, ist das „Adlon" nicht einfach ein Grandhotel, sondern ein feines Weekend-Domizil und eine kleine Welt für sich. Wer neben dem eleganten Ambiente auch den schönsten Blick auf das Brandenburger Tor genießen will, sollte nach einem Zimmer mit der Endnummer 08 auf einer der fünf Etagen fragen.

Frischer Wind im Grandhotel

NICHTS ALTERT SCHNELLER ALS EIN HOTEL OHNE INVESTITIONEN

Die großen alten Grandhotels blühen als Oasen für Lebensart. In einer Welt, in der immer schneller und oberflächlicher konsumiert wird, inszenieren sie seit Jahrzehnten und manchmal seit mehr als einem Jahrhundert auf ihren Bühnen gepflegten Lifestyle und Genuss, in einer Portion Nostalgie verpackt.

Dennoch, so schön und gut Tradition ist, nichts wird schneller alt als ein noch so berühmtes Hotel, dem permanente Frischzellenkuren verweigert werden. Dann dient auch die edelste Hotelgeschichte nur noch als Füller für die Festschrift.

Ich habe viele alte Hotels erlebt mit großen Namen, die Träume wecken, aber Albträume produzieren. Die Grenzen sind leider ziemlich fließend, wenn Geld fehlt oder der Servicegedanke verkümmert ist. Ganz gleich, ob prunkvolle Palazzi in Norditalien das Ziel waren, ob ich im „Negresco" in Nizza genau hingesehen habe oder das einstige bayerische Gästehaus „Vier Jahreszeiten" in München ohne Kempinski-Brille bewerte, überall drückt mächtiger, muffiger Renovierungsstau. Wohin man schaut durchgetretene Teppichböden, überlackierte Hölzer und überalterte Technik.

Als 1889 das Londoner „Savoy" gleich ums Eck vom Opernhaus eingeweiht wurde, verkaufte der Impresario das Doppelzimmer für zwei Schilling. Das Hotel bot, was damals technisch

möglich war: elektrische Aufzüge und große Wannen in allen Bädern. Heute bemüht sich die Savoy-Gruppe, wenigstens einen Teil der anstehenden Renovierungen zu regeln und die Tradition in der Werbung mit Komfort zu verbinden, um Genussmenschen anzusprechen, die sich auch in einer turbulenten Weltstadt wie London aus dem Alltag träumen wollen.

Im „Nassauer Hof" in Wiesbaden, dem ältesten europäischen Luxushotel, erlebte ich dagegen ein frisches Haus mit wundervoll lichten, neuen Zimmern in freundlichen Pastellfarben, nahezu kalifornisch in Ausstattung und Gestaltung. Historisch belegt, existiert der „Nassauer Hof" seit mehr als 180 Jahren. Doch wie das so ist: Für griffige Superlative bemühten sich die Historiker noch viel weiter zurück, übersprangen den Dreißigjährigen Krieg und die Wirren einiger Jahrhunderte. Und siehe da, sie fanden auf dem Platz des heutigen *Leading Hotels* (das ebenfalls zu der *Selection Deutscher Luxushotels* gehört) eine „Heriberga", die bereits im 11. Jahrhundert erwähnt wurde, später abbrannte, größer und schöner neu errichtet wurde und schließlich, nach einigen Wiederholungen dieser Folge über Jahrzehnte hinweg, als Weinwirtschaft aufblühte, die Fremden nach Zechgelagen auch Logis bot. Ein späterer Zeitzeuge namens Karl Goetz, ein Neffe des Kaufmanns Johann Freinsheim, der den Beherbergungsbetrieb 1819 erwarb, verfügte über Aufzeichnungen, die heute als einzige Quelle gelten.

Karl Nüser kennt die Zwänge, die mit dem großen Glockenklang der Jahrhunderte verbunden sind. Er leitet als Geschäftsführender Gesellschafter und als Direktor die Geschicke des Hauses, das nach wie vor zu den Perlen der Branche gehört. Kontinuierlich ließ er das Grandhotel renovieren, modernisieren und der Zeit anpassen. Die Orangerie mit dem schönen Blick auf die Wilhelmstraße und das Kurhaus wurden gerade komplett erneuert, die Zahl der Zimmer verkleinert zu Gunsten von mehr Suiten. Thermalbad und Fitness-Center über den Dächern Wiesbadens wirken wie gerade eingerichtet, so jung und ansprechend ist die Optik. Der hier akzeptierte Aufwand, die Liebe zum Detail, das ist die teure Medizin, durch die *Oldies Goldies* bleiben.

Hotel-Legende unter der Lupe

DAS ORIENTAL IN DER STADT DER GEFALLENEN ENGEL

Kein Mensch kann mir erklären, warum Bangkok die „Stadt der Engel" oder nach anderer Überlieferung „der Wald der Affen" sein soll. Himmlische Wesen sucht man in der Sieben-Millionen-Metropole (zweimal so groß wie Berlin) gewiss vergebens. Die Stadt ist brodelnd, heiß, feucht, lärmend, geschäftig: Schmelztiegel und Aufbruch signalisierend. Man mag sie oder man hasst sie oder man pendelt, so wie ich, in seiner Meinung hin und her. Und dann ist da der Hotelmythos, das „Oriental".

Das „Oriental" einfach „Hotel" zu nennen, beschreibt es nicht wirklich; Mythos, Legende, Trutzburg wider die häufig verkommene Servicequalität, auch Bühne für die tägliche große Show – das alles trifft es viel präziser. An diesem äußerlich eher unspektakulären Flaggschiff einer ganzen Branche kam und kommt keiner vorbei, der eine Antenne für die feine Lebensart im Hotel hat. An dieser einsamen Höhe sind all die Wilden und die Modernen gescheitert, die wie Ian Schrager mit Designambiente und zeitgemäßer Kühle, aber ohne Seele angetreten sind, die Hotelwelt zu revolutionieren.

Darf man an einem solchen unübertroffenen Denkmal wie dem „Oriental" überhaupt

rütteln, einen solchen Mythos nach normalen Regeln testen und messen, ob der verbreitete Glanz auch der Wirklichkeit standhält? Das Branchenmagazin *Top hotel,* das die konstruktive Kritik an hochpreisigen Luxushäusern pflegt, hat die Legende unter die Lupe genommen und schließlich festgestellt, dass die fühlbare Lebensqualität, die Stimmung, der Duft, die Musik, der liebenswerte Service, schlicht der mit allen Sinnen erlebte Genuss des „Oriental" tatsächlich unerreicht ist. Vom herausragenden Butlerservice bis zum vielleicht besten Spa gab es stets die Höchstwertung von 100 Punkten. Das sprach mir aus der Seele. Ein Haus, das über eine solche Würde wie das „Oriental" verfügt, gewinnt wenigstens etwas Menschliches, wenn auch hier ein paar Schwächen registriert werden. So beschreibt *Top hotel,* was man mit Zuneigung im Blick übersieht. Dass nämlich das Frühstück verbesserungswürdig und das Gourmetrestaurant „Normandie" zwar eines der teuersten der Welt, für *Top hotel,* aber unbefriedigend in der Gesamtleistung sei. An dieser Stelle erlaube ich mir behutsam Einspruch zu erheben. In diesem Gourmettempel bei Haydn- und Bach-Untermalung habe ich nämlich das beste Wildgericht genossen, das je in einem Hotel für mich serviert wurde: perfekt gebratenes Schneehuhn mit fünf verschiedenen gerösteten Pilzsorten. Ein winterlicher Genuss, und draußen legte sich die Tropennacht über hohe Palmen …

Im Gesamteindruck sind wir wieder einer Meinung. Mit 96 Punkten bekam der deutsche Manager Kurt Wachtveitl, der das Hotel seit 35

Jahren leitet, die höchste vom Branchenführer jemals vergebene Wertung.

Die Straße zum Wasser, zum *Chao Phraya*, dem Lebensfluss Bangkoks, ist zugleich auch der Weg zum immer noch besten Hotel – für den, der die Servicequalität an die Spitze seiner Bewertungsliste stellt. Da ändert auch nichts, dass am Herzstück des Hotels, der *Authors Residence*, trotz ständiger Renovierungen die Zeit unerbittlich nagt. Irgendetwas wird immer gerade repariert. Vielleicht kann nur in diesem Punkt die Wirklichkeit nicht ständig der Erwartungshaltung vom Traum totaler Perfektion standhalten. Wie so oft im Leben.

Man muss dort gewohnt haben, um zu verstehen. Die *Oldie but Goldie*-Legende, die im Herbst 125-jähriges Jubiläum feiert, zieht mit Servicepflege und Liebenswürdigkeiten, die das Lebensgefühl streicheln, jeden in seinen Bann. Das fängt mit dem herzlichen Empfang durch den *doorman* an, die Begleitung zur Rezeption (in etlichen europäischen Spitzenhäusern ein Weg durchs Niemandsland). Gäste, die schon einmal im Haus waren, werden mit dem Namen angesprochen. Wie das möglich ist? In der morgendlichen Schulung bekommen die Mitarbeiter die Fotos der Neuankömmlinge als Großbild an die Wand geworfen und dazu den Namen so oft präsentiert, bis sie den blind zuordnen können.

Nach dem Weckruf am Morgen folgt zehn Minuten später eine liebenswerte Kontrolle: „Sind Sie wach? Dürfen wir einen *early morning tea* servieren?" Blumen und Früchte gibt es für jeden Gast täglich frisch und nicht nur für die VIPs oder wie sie im „Oriental" heißen *special attention guests.*

Die gewaschenen Hemden kommen am selben Tag im Weidenkörbchen verpackt, die Schuhe blitzblank im Schuhbeutel.

Zimmermädchen und Butler verabschieden sich mit handgeschriebenem Brief und kleinem Präsent. Der *tip,* das Dankeschön, einmal umgekehrt.

Und wie oft haben Sie sich eigentlich schon geärgert, weil immer dann, wenn es gar nicht passte, jemand *Housekeeping!* rief und der Minibarkontrolleur klopfte und nervte. Das „Oriental" setzt ein winziges, streichholzgroßes Stöckchen dagegen. Das nämlich wird an die Zimmertür gestellt und ist nur für den Flurservice sichtbar. Öffnet der Gast die Zimmertür, kippt das Hölzchen um und signalisiert damit den Bediensteten: absolute Ruhe.

Frühstück im Bett, das ist der Inbegriff der wohlig warmen Höhle, in der man alles miteinander teilt, wenn man zu zweit unterwegs ist: die Bettdecke, das schwankende Tablett, den Salzstreuer. Im Hotel ist dies das Examen für außergewöhnliche Servicequalität. Die Zimmermädchen im „Oriental" verwandeln diese göttliche Morgenstunde leise, fast unsichtbar zur Vorahnung auf das Paradies.

Verstehen Sie jetzt, warum das „Oriental" trotz der wenig imponierenden Gebäudesammlung am Fluss das beste Hotel der Welt ist?

Lob dem ungestörten Genuss

BEI HEINZ WINKLER IN DER BAYERISCHEN RESIDENZ

Seit der Genussphilosoph Jean-Anthelme Brillat-Savarin, der im Hauptberuf Richter war, in seinen Werken wie „Physiologie des Geschmacks" neben den großen Momenten leiblicher Lust und Genuss für alle Sinne auch die störenden Schwachstellen in feinen Herbergen auf die Anklagebank gebracht hatte, scheint sich bis heute wenig verändert zu haben. Auch mich stört, wie im Klassiker angedeutet, wenn sich der Kellner keine Mühe macht, die Wünsche seiner Gäste zu registrieren, sondern mit hochgezogenen Augenbrauen wie wild auf seinem Block notiert (ein guter Kellner merkt sich spielend drei komplette Menüs mit Änderungen).

Ärgerlich auch, wenn der Service mit Nachdruck jedes Gespräch der Gäste unterbindet, um sein Sprüchlein aufzusagen, was man denn nun auf dem Teller hat. Ungut empfindet jeder Hotel-

gast die Störung, wenn man nach dem Einchecken gerade sein Zimmer erreicht hat. Da ist
ein Augenblick der Ruhe wichtiger als Eis im
Kühler, frisches Obst auf dem Teller (das längst
vorher hätte hingestellt werden können) und
gute Wünsche für einen angenehmen Aufenthalt. Mehrmals habe ich die Störungen sogar
dann erlebt, wenn das *Privacy*-Schild an der Tür
hing.

Wo Sie derartige Servicefehler garantiert
nicht erleben, ist in der „Residenz" in Aschau,
dem bayerischen Genusshotel von Drei-Sterne-
Koch Heinz Winkler. Die „Residenz" ist kein ty-
pisches Hotel, sondern eines der besten europäischen Restaurants (drei Sterne) mit angeglie-

derten 32 komfortablen Doppelzimmern und Suiten. Der Gastraum als Herzstück des Hauses, dessen Geschichte bis auf das Jahr 1405 zurückgeht und als Poststation Bedeutung hatte, ist kein steifer Gourmettempel, kultiviert ja, aber auch gemütlich. Der Service ist für mich der beste im Lande, und dafür sorgen die Brüder Fabrice und Renaud Kieffer, Ma tre und Oberkellner (mit langer Liste von Auszeichnungen), die ihre Gäste vom ersten Augenblick bis zum Digestif mit ihrem Charme einwickeln, informieren, beraten und Appetit machen. Wer nach Aschau reist, hat gewiss an erster Stelle die Gourmetküche im Blick. Freude am guten Essen und Trinken ist ein elementares menschliches Bedürfnis. Das haben nicht nur Künstler, Philosophen, Literaten und Feldherren zum Ausdruck gebracht. Der chinesische Philosoph Konfuzius soll seine Frau verlassen haben, weil ihre Kochkünste seinen besonderen Ansprüchen nicht gerecht wurden. Der Lebenskünstler Brillat-Savarin und der Soziologe Claude Lévi-Strauss waren sich einig, dass die Kultur überhaupt erst mit dem Kochen beginne.

Mit dem Hotelbetrieb brauchte Hausherr Heinz Winkler eine Zeit, um ihn an die allerhöchsten Bereiche des Restaurants anzugleichen. Die großen Zimmer wurden teilweise mit Stilmöbeln ausgestattet, und das *housekeeping* bekam den letzten Feinschliff. Vieles von dem, was die Residenz so außergewöhnlich macht und ihr den Luxus gibt, ist freilich für Geld nicht zu kaufen: beispielsweise die traumhafte Landschaft zwischen Chiemsee und den Chiemgauer Bergen, die im aufgepflügten Licht heranrücken, wie mit schwarzer Tusche nachgezogen. Auf den Gipfeln liegt bereits der erste Schnee, wie weiße Tupfer über barocker Pracht.

Kleine *hideaways* für Connaisseurs, wie die „Residenz", gibt es hierzulande glücklicherweise einige. Sie sind Beleg dafür, dass die Deutschen längst zu Genießern geworden sind. „Schloss Lerbach" bei Köln zählt dazu, das „Schlosshotel Friedrichsruhe" in Zweiflingen, auch das Familienhotel „Sonnora" in Dreis, vor allem aber die Feriendomizile, die in allen Ranglisten als Deutschlands absolute Spitze bewertet werden, die „Traube Tonbach" und „Bareiss", beide in der kleinen Schwarzwaldgemeinde Baiersbronn, über die ich Ihnen schon erzählt habe.

Mit Qualität macht der Club Karriere

MISTER ROBINSON CARSTEN RATH PREDIGT QUALITÄT

Der Robinson-Club-Song am Pool heizt die Stimmung an, sorgt für Chorerlebnis und Schrittakrobatik. Selbst Untalentierte hüpfen ungeniert mit … Und dann die Hände zum Himmel. Rhythmisches Spaßgewippe und Gewimmel. Von Gästen umringt der „Nobilis"-Clubchef John Veensma. Hier ist der Macher, der jetzt wieder nach Mallorca gewechselt ist, mittendrin und nicht nur dabei, *everybodys darling* und jedermanns Gastgeber. Das ist so in den Clubhotels, ganz gleich, ob hier in der Südtürkei, in Mexiko oder auf Mallorca. Am nächsten Morgen tanzen für den sympathischen Holländer Veensma nur die Zahlenstaffeln, stehen im Büro bierernste Verhandlungen mit dem Zoll an und trockene Gespräche über Weinlieferungen für das feuchtfröhliche Beiprogramm, über Personalwesen, Kostenmanagement – der ganz normale Alltag eines Hoteldirektors. Vorbei sind die Zeiten, da es allein auf Trallala, gute Laune verbreiten und Showtalent ankam. Die Robinson-Domizile haben sich hinter den Kulissen zu serviceorientierten Ferienhotels im Vier- und Fünf-Sterne-Segment gewandelt. Und weil diese Entwicklung vom Unternehmen mit Sitz in Hannover (einst Ziehkind von Steigenberger und der TUI) heute am besten umgesetzt wird, führt die TUI-Tochter fast zwangsläufig ganz klar meine internationale Club-Rangliste an. Abgeschlagen folgt der französische Club Med, der sich heute für die Ehre, die Clubidee unter Trigano erfunden zu haben, nichts kaufen kann und keinen Gast zusätzlich bekommt.

Robinsons Höhenflug begann mit Karl Pojer und wurde von Carsten Rath, dem Tophotelier der jungen Garde, als „Mister Robinson" konsequent fortgesetzt. Die primitiven Hütten und Duschen auf dem Dorfplatz, womit die Clubbewegung einst begann, gab es bei seinem Eintritt natürlich schon nicht mehr. Doch die Zimmerqualität lag, wohlwollend bewertet, im Zwei- bis Drei-Sterne-Bereich. Das Quartier für die Nacht nach dem Frohsinnmarathon von Bett bis Bar erfuhr eine massive Aufwertung, gewann an Wohnlichkeit und Raum. Gleichzeitig begann die Schulung der Verantwortlichen und weiterführend die der Servicekräfte. Selten habe ich so freundliche Mitarbeiter erlebt wie im Clubhotel

„Nobilis". Früher wurde ich auch mit Musik und Fröhlichkeit begrüßt, aber die Koffer musste ich selber schleppen. Und die Kindermädchen waren lustig, aber hilflos, hübsche Aussteigerinnen für ein oder zwei Clubjahre. Rath lässt heute nur noch staatlich geprüfte Kindergärtnerinnen, Sportlehrer und Fitnesstrainer mit Diplom ran. Die Clubchefs selber reiften unter dem Druck des Kostenmanagements zu ernst zu nehmenden Hoteldirektoren. Carsten Rath hat aus dem Club kein „Ritz-Carlton" gemacht, aber die „Ritz-Carlton"-Qualität für Ferienclubs. Noch einmal der Robinson-Club „Nobilis": Das Team an der Rezeption bewältigt ebenfalls Concierge-Aufgaben, die Arbeit der Zimmermädchen wird sorgfältig kontrolliert. Der Restaurantservice macht das Ergebnis intensiver Schulung nach dem Prinzip *tell, show, do, review* überzeugend deutlich. Das Engagement der Golfschule besteht unter den Augen strenger Verbandsfunktionäre, was nun wirklich ungewöhnlich ist. Alles in allem hoher Qualitätsanspruch.

Es ist aber nicht nur ein geflügeltes Wort, dass Spaß richtig teuer sein kann. So zahlt der Gast im Club bei Belek exakt das Doppelte wie im benachbarten Golfhotel. Addieren Sie freilich alle täglichen Extras, beispielsweise Wellness, Wein und Sport hinzu (im Club inklusive), verschiebt sich das Preis-Leistungs-Verhältnis zu Gunsten einer Robinsonade. Und wenn Sie wollen, akzeptieren Sie doch die trennende Wirkung von organisierter Fröhlichkeit, die vorübergehend Ärger über Steuererhöhungen, Betriebsprüfungen und Personalstress ausschließt. Ein Grund mehr, Sie wissen schon, die Hände zum Himmel …

Service als oberstes
Gebot zu jeder Stunde

ISADORE SHARP LEBT
SEINE PHILOSOPHIE VOR

Der Französische Dom füllt das Fenster, außergewöhnlicher Schmuck der Suite 833 in Berlins „Four Seasons"-Hotel. Eleganz ohne Protz, hochklassig und ohne abgehobenes Design. Es ist schon wahr, die Einrichtung spiegelt immer auch Eigenart und Vorlieben der Hotelgruppenchefs, lässt deren persönlichen Stil erkennen. Typisch: Donald Trump ließ im New Yorker „Plaza" kiloweise Blattgold verarbeiten, als er das Hotel übernommen hatte. Unter Edouard Ettedgui, dem französischen Finanzgenie, wandelte sich „Mandarin Orientals" romantische Verspieltheit in kühle Funktionalität, wie im jüngsten Hotel in Miami erkennbar. Horst Schulze prägte bei „Ritz-Carlton" die englische Clubatmosphäre mit Wohlfühlaroma. Ian Schrager, der hinter Gittern (Steuervergehen) seine Designinszenierten Hotels mit elegant-puristischem

Interieur konzipierte, ist nicht nur auf der Thea-
terbühne im „Delano" unverwechselbar ver-
ewigt. Alle Zimmer von der Größe „Mein Rimowa-Koffer oder ich" sind von tiefreinem Ariel-
Weiß, und die makellos schönen Bediensteten,
die so recht zur Diktatur der Räume passen, machen dem Gast durch schrilles Getue seine Un-

zulänglichkeit in dieser Umgebung deutlich,
geben ihm das Gefühl, auf einer Bühne zu agie-
ren, auf der nur die anderen das Stück kennen,
das aufgeführt wird.

Hier in Berlin, am schönsten Platz unseres
Landes, erlebe ich das exakte Gegenteil, als Gast

von Isadore Sharp, dem „Four Seasons"-Chairman, der einst die neue Bescheidenheit mit allem erdenklichen Komfort kreierte. Diese Suite, stilvoll und warm eingerichtet, übersetzt die Gedanken des ungewöhnlichen Hotelvisionärs, der bei seinem Deutschland-Besuch für 20 Stunden hier residierte. Den Servicemitarbeiter, der diskret am Eingang auf seinen Einsatz wartete, hat Sharp freundlich weggeschickt. Er ist Gastgeber, fühlt sich im einzigen deutschen Hotel seiner Gruppe zu Hause, serviert selber Mineralwasser, bietet Kanapees an. Der mittlerweile 71-jährige Manager, sportlich fit und gertenschlank, signalisiert mit der Körpersprache den Stolz darüber, was er in 40 Jahren mit „Four Seasons" geschaffen hat. Früher wirkte Sharp eher wie der stille Steuerberater des Chefs. Da war sein Lächeln dünn, sein Auftreten zurückhaltend bis scheu. Heute jubeln die Mitarbeiter schon, wenn er sie voller Überzeugung anstrahlt, ansteckend gute Laune verbreitend. Er ist nicht allein Chef und Inhaber, er ist Mittelpunkt der Hotelgesellschaft. Nichts ist zu spüren vom Gauklertum, das so häufig durch die Branche wabert. Zu dem Mann findet jeder Vertrauen. Ich würde sogar einen Gebrauchtwagen von ihm kaufen. Überzeugend referiert er darüber, dass ein schönes Ambiente nur ein angenehmer Rahmen, die liebevolle Pflege des Gastes aber das Wichtigste sei. Die höchste Gästezufriedenheit aller Hotelgruppen basiert auf dem persönlichen Service, der dem Gast exakt das vermittelt, was er haben möchte. „Mehr als durch alle Schulungen und Motivationsveranstaltungen erreichen wir das mit einer extrem sorgfältigen Auswahl bei der Einstellung", macht Sharp deutlich. Die Sache mit den Mitarbeitern ist alles andere als eine Floskel, die sich nur gut anhört und von Werbestrategen gerne angebracht wird. Das ist gelebte Überzeugung und Philosophie der Company. Die Strategie scheint kinderleicht: „Vor der Einstellung führen wir mit dem Kandidaten bis zu fünf Interviews, ob er tatsächlich diese besondere Gästepflege umsetzen kann, ganz gleich, ob er als Kellner oder Direktor eingesetzt werden soll. Wer Service nur als Job sieht und nicht als Passion, wird auch durch Schulung kein guter Mitarbeiter."

An die Herren Direktoren: Bitte mitschreiben! So einfach ist das: Überträgt man diese Regel als Credo auf die ganze Branche, gibt es keine unzufriedenen Hotelgäste mehr.

So werden Sie König im Hotel

EIN KATALOG, DER SICHER WEITERHILFT

Großzügig oder eng, hell oder muffig? Welches Hotelzimmer Sie bekommen, hängt oft davon ab, wie Sie es buchen. Wer sich nur nach Sternen richtet, landet leicht im falschen Bett. Nach dreißig Jahren Ehe mit der Hotellerie möchte ich Ihnen zeigen, wie Sie König im Hotel werden. Erfahrungen, die man weitergibt, sind für Reisende oft wertvoller als die großen Hotelführer.

London war wieder einmal in der Kategorie Genussklasse ausgebucht. Ich probierte es dennoch im „Claridge's", suchte das Gespräch mit dem Sales Manager. (Der Mitarbeiter an der Rezeption kann Ihnen in schwierigen Fällen nicht weiterhelfen.) Eines der beiden teuren Penthäuser war allerdings ungebucht. Big Ben schlug sechs, und mit Gästen, die für dieses Quartier zu so spätem Zeitpunkt den offiziellen Preis (rund

3500 Euro) hinzulegen bereit sind, war kaum noch zu rechnen. So wurden wir uns zum Preis eines besseren Doppelzimmers schnell einig: Ein *upgrading* in die sonst unerschwingliche Luxuswelt mit Butler und Dom Pérignon am offenen Kamin.

Wer die legitimen Tricks kennt, kann oft Geld sparen und Tophotels zum Economy-Tarif ordern. Der unerfahrene Privatgast hingegen zahlt häufig die Zeche der routinierten Vielreisenden.

Der erste Fehler, der gemacht wird, ist, nach „dem Preis" zu fragen. Erkundigen Sie sich nach der *minimum-rate,* fragen Sie nach einer *com-*

pany-rate, die in allen bedeutenden Hotels üblich ist (zumeist 30 Prozent günstiger als der offizielle Preis).

Es ist ratsam, den Verkaufsleiter persönlich anzusprechen. Er verfügt über die Vollmachten, die die Reservierungsabteilung nicht hat. Erkundigen Sie sich in Fernost und den USA nach VIP-Arrangements. Blumen, Champagner, ein Korb mit frischen Früchten machen den Aufenthalt angenehmer. Die großen Businesshotels, die am Wochenende leer bleiben, offerieren sehr günstige Angebote. Besser ein Geschäft zum halben Preis als gar keins.

Und wenn Sie sich nach einer anstrengenden Reise auf ein gemütliches Zimmer und ein kuscheliges Bett freuen, die Realität aber ein so genanntes Chauffeurszimmer ist, ein düsterer Schlauch mit schmalem Bett ohne Aussicht, und dann noch direkt am Fahrstuhl oder neben der Küche, verlangen Sie ohne Scheu, das Zimmer wechseln zu dürfen (das steht Ihnen nach Verfügbarkeit auch während der Hochsaison zu).

Wenn ich den Eindruck habe, dass man diesen Zimmerwechsel abblocken will, manchmal mit unfreundlicher Arroganz, darf man als Gast auch schon mal Gleiches mit Gleichem vergelten: Ich prüfe sorgfältig in meinem hässlichen Zimmer die Schwachstellen der Sauberkeit, die Badewannenunterkante, die Bilderrahmen, den Wischbereich unterm Bett. Der oft mögliche Hinweis auf ein „schlecht gesäubertes Zimmer" ist auch für den überheblichsten Hotelmitarbeiter unangenehm und wirkt Wunder ...

Waren Sie mit einem Zimmer in einem Hotel, das Sie häufiger privat oder dienstlich genutzt haben, besonders zufrieden, fragen Sie bei jeder Reservierung nach derselben Zimmernummer. Viele gute Häuser machen das übrigens automatisch anhand der Gästekartei. Ist das Schlafgemach bereits vergeben, versuchen Sie es mit der entsprechenden Zahl auf einer anderen Etage. Die 340 ist von Einrichtung und Lage zumeist das gleiche Eckstudio wie 440 und 540. Gleiches gilt für die übrigen Stockwerke.

Stille Nacht
im Hotel

BESINNLICHKEIT ALS
PROGRAMM ZUR WEIHNACHT

E s gibt sie wirklich, die Momente, in denen eine Stimmung Konturen bekommt. Hier war die Einsamkeit greifbar. Der Mann neben dem Tannenbaum im Restaurant des Kölner „Holiday Inn" der 60er Jahre hatte längst jede Hoffnung auf ein persönliches Weihnachtsmärchen verloren, zählte die Kugeln an den Ästen und die Stunden der Heiligen Nacht. Er beklagte sein Schicksal und litt für alle Verlassenen, Enttäuschten, Übriggebliebenen.

Derartige Tristesse hat nichts mit Weihnachten im Hotel von heute zu tun. Die Feriendomizile der Spitzenklasse wie die „Traube Tonbach" und „Bareiss" in Baiersbronn, „Brenner's Park Hotel", „Bühlerhöhe" oder auch die Stadthotels der ersten Garnitur sind an den Feiertagen längst ausgebucht und wahrlich nicht nur von jungen Paaren, die eine schwiegermutterfreie Zone suchen. Die Motive, Wünsche, Überlegungen sind so unterschiedlich wie Art und Gestaltung der Feiern.

Ich habe die überdrehte „Hurra, es ist Christmas"-Atmosphäre amerikanischen Zuschnitts in der Lobby des New Yorker „Waldorf Astoria" erlebt. Mit Alf, dem Serienmonster, der vor blinkenden Sternen in Giftgrün und Lila

computergesteuert das Christkind auf einem Schlitten durch die Dekoration zieht. Beim Krippenspiel auf Amerikanisch steigerte allgemeine Beschwipstheit die Lautstärke.

Weihnachten in deutschen Hotels ist völlig anders, viel besinnlicher. Selbst hartgesottene

Christfestverächter lassen sich in den Bann ziehen, wenn hierzulande Weihnachtslesungen, Krippenspiele, gemeinsames Singen oder in „Pflaum's Posthotel" eine Gourmetoper stattfinden.

Thomas Althoff, der Hotelier mit den schönen Gourmet- und Schlosshotels, bietet Weihnachtsfeiern in seinen Hotels im Gutscheinheft als sinnvolles Geschenk an. Natürlich auch mit Weihnachtsgansessen … nach wie vor der beliebteste Festtagsschmaus, in der günstigen Mittelklasse ebenso wie im Luxushotel der Fünf-Sterne-Kategorie (weil wir es uns verdient haben). Ich kann mich für die genervten Frauen freuen, die nach dem vorweihnachtlichen Kraftakt am Feiertag nicht auch noch am Herd stehen müssen. Ganz(s) genießen, ohne zu kochen. Weihnachten im Hotel kann auch zur Marketingstrategie werden.

Nachdem McDonald's in Zürich das erste „Hamburger"-Hotel eröffnet hat, Walt Disney Schlafstätten mit Mickey-Mouse-Ambiente offeriert, ist es kaum verwunderlich, dass in San Francisco das erste Christmas-Tree- (Weihnachtsbaum-) Hotel eröffnet wurde, in dem zwölf Monate allabendlich die seit Ewigkeiten festgelegten Rituale abgehandelt werden.

Süßer die Glocken nie klingen als zur Weihnacht, der Deutschen zweitliebsten Reisezeit. Mehr als zehn Millionen zieht es auch in diesem

Jahr über die Feiertage hinaus, egal ob sonnig oder verschneit, ob idyllisch oder lebhaft, Hauptsache weg. Aber dann im Hotel freut sich jeder über Tannenduft und Kerzenschein.

Ein Sachse macht in USA Karriere

SEIN BESONDERES PROGRAMM FÜR DAS FEST DER LIEBE

Nie wieder Weihnachten unter Palmen! Nicht mal mit der ersehnten warmen Sonne als Belohnung, wenn wir hierzulande in der Kälte bibbern. Der puderweiche weiße Sandstrand hat als Köder ebenso wenig eine Chance wie schöne, fröhliche Ferienhotels, die Meeresbrise und Gute-Laune-Programm garantieren. Das ist unumstößlich.

Zwei Versuche reichten aus, diese Erkenntnis fürs restliche Leben festzuzurren. Schlimme Erinnerungen an knallgrüne Plastiktannenbäume mit pinkfarben glänzenden Kugeln, Goldstaub aus der Spraydose und gelackte Rentiere, die an Palmenwedeln baumeln, sind daran Schuld, dass ich immun bin gegen Sunshine-Reggae und Jingle Bells bevorzuge.

Spätestens in der letzten Woche im Advent gehören Tannenduft, Kerzenschein und Lebku-

chen zur Seidenpapierverpackung des Winter-
alltags. Das gilt auch für das Hotel. Wie sich dieses Zuhause, fernab von daheim, weihnachtlich
verwandelt, ist für mich schon entscheidend bei
der Reservierung.

Weil ich kein Einzelfall bin, sondern vor-
weihnachtliche Feiern und Christmas-Partys im
Hotel verstärkt im Trend liegen, haben sich die
noblen Domizile in unseren Breiten, diesseits
und jenseits des Atlantischen Ozeans, darauf eingestellt: Tannenbäume in der Lobby, mehrere
Stockwerke hoch wie im „Mandarin Oriental"
München, Weihnachtsschmuck, Krippen, Fest-
dinner am Heiligen Abend, Gruppensingen und
Bibellesungen.

Ganz sicher ist das kluges Marketing. In Zeiten, in denen die Belegungsraten so richtig mies
sind, ein erhoffter Höhepunkt zum Ende des Jahres. Der schöne Rahmen lockt außerdem immer
mehr Gäste zum weihnachtlichen Kurzurlaub
ins Hotel.

Die Herberge, die am großartigsten ge-
schmückt ist und für die sofortige Kapitulation
vor der eigenen Sentimentalität sorgt, habe ich in
diesen Tagen in New York erlebt: Das „St. Regis",
Flaggschiff der Starwood-Organisation, direkt an
der Gold-Card-Meile Fifth Avenue gelegen, wo
zum Christmas-Shopping selbst die Kassen zärt-
licher klingen. Bei allem Aufwand, den die
Investoren trieben, bautechnisch und in der Aus-

stattung wurde das „St. Regis" erst mit der Verpflichtung des Deutschen Günter Richter zum absoluten Spitzenhotel, was den Service und die persönliche Gästepflege betrifft. Richter präsentiert gleich neben der Lobby ein Weihnachtszimmer, das zum Verlieben romantisch gestaltet ist. Stilvoll geht es hier zu, ohne Rummel und Lamettablues. Für Stammgäste lässt Richter in diesen Tagen original Dresdner Butterstollen und große rote Weihnachtssterne zur Dekoration auf die Zimmer bringen. Aus alter Verbundenheit. Der smarte Hotelmanager kommt nämlich aus Sachsen und ist der erste aus den neuen Bundesländern, der in dieser Branche eine internationale Karriere gemacht hat. In Chemnitz (damals noch Karl-Marx-Stadt) ging er zur Schule, lange vor der Wende flüchtete er in den Westen, begann dort seine Ausbildung. Nach den Zwischenstationen „Hilton", „Sheraton" und „St. Regis" baute er dann mit der Ölmilliardärin Caroline Rose Hunt die „Rosewood"-Hotelgruppe auf, die ihre Zentrale in Dallas hat. Mit dem texanischen Flaggschiff „Mansion on Turtle Creek", das in allen Ranglisten zu den besten der Welt gezählt wird, begann die Erfolgsstory. Dreizehn Jahre später wechselte der Absolvent der Heidelberger Hotelfachschule und Student der New Yorker Cornell-Universität zu den „Grand-Bay"-Hotels und anschließend zu den „Swissôtels". In der letzten Phase des Advents war

Deutschlands Stolz aller Uhrenmanufakturen, Lange & Söhne aus dem sächsischen Glashütte, zu Gast im „St. Regis", um den New Yorkern die edlen Produkte des renommierten Hauses zu präsentieren, die (gelobt sei die feine Tradition) schon den Kaiser schmückten.

Als sich der Direktor und Hausherr als Landsmann vorstellte, ging die Präsentation

nahtlos in ein stimmungsvolles Adventsfest über und schließlich, nach einigen Christmasdrinks, stimmte man in den landsmannschaftlichen Gassenhauer *Sing, mei Sachse, sing …* ein. Alle strahlten vor Glückseligkeit – und das ist doch eine schöne Bescherung.

Warum Schöngeister in Hotels investieren

HOTELS – WEIT MEHR ALS NUR EIN HOBBY

Keine Kirchenglocken zerläuten die frühe Stille, keine lästige Turmuhr schlägt, nur Vogelzwitschern über historischem Mauerwerk als Weckmusik. Räkeln in Superbatist, der perfekte Hotelmorgen. Den ersten schönen Blick des Tages weit übers Bergische Land mit dem mächtigen Kölner Dom tief im Tal verdanken wir dem legendären rheinischen Kurfürsten Jan Wellem. Der hatte einst verfügt, dass die Sichtschneise vom Schloss hinunter zum Kölner Dom nie zugebaut werden dürfe.

Wir wohnen im „Schlosshotel Bensberg", in dem wahrscheinlich schönsten deutschen Hotel. Und das wiederum verdanken wir einem Mann unserer Tage: Michael Kalka, lange Zeit Vorstandsvorsitzender der Aachener & Münchner Lebensversicherung, der später in den Aufsichtsrat wechselte. Das komplett liebevoll restaurierte

Schloss und die Verwandlung zum Grandhotel in der jetzigen prächtigen Ausstattung ist weit mehr als nur eine der üblichen Investitionen, wie sie Geldanleger ständig vornehmen. Das Schlosshotel ist neben Renditestreben zugleich Imagepflege und Werbung für die Gesellschaft. Ganz interessant, wie Kalka zu seinem persönlichen Engagement fand: Ursprünglich stand der Investitionsgedanke „Betreutes Wohnen für Senioren" im Mittelpunkt, doch bei Besichtigung des Schlosses reifte die Überzeugung, ein Spitzenhotel zu schaffen, das heute von der „Althoff"-Gruppe gemanagt wird.

Reinfried Pohl, Gründer und Chef der Deutschen Vermögensberatung in Marburg, initiierte das *Leading Hotel* „Vila Vita Parc" an der Algarve, das sich wie ein portugiesisches Dorf in die Landschaft schmiegt. Eine besonders schöne Investition unter etlichen Pohl-Domizilen. Der Hotelliebhaber findet Unterstützung zu Hause. Ehefrau Anneliese arbeitet unermüdlich am Interieur-Design, gestaltet und prägt die Optik.

Ernst Freiberger, der einst die weltweit größte Pizzaproduktion aufgebaut und später wieder verkauft hat, ist heute mit Kliniken (Medical Parks) und Immobilien erfolgreich. In Berlin ließ er die historische Perle „Tegeler Mühle" zu einem Hotel ausbauen und war mit Herz und Verstand dabei, als sein Hotel „Im Spreebogen" in den Himmel wuchs. Hotels sind Freibergers Leidenschaft, nach seinen zahlreichen Reisen könnte er eigene Ranglisten erstellen.

„Tempo, Jungs, ich will die Eröffnung meines Hotel noch erleben", pflegte der Milliardär Otto Beisheim seine Mitarbeiter anzutreiben, die das Luxushotel mit edelster Ausstattung am Potsdamer Platz in Berlin errichteten. „Ritz-Carlton" betreibt es seit Januar 2004. Beisheims Ungeduld lässt sich angesichts seines Alters verstehen: Er feierte seinen achtzigsten Geburtstag zur Hoteleröffnung.

Neulich im „Schlosshotel Bühlerhöhe", das einst Adenauers Lieblingshotel war: Ich genoss die unveränderte Optik des außergewöhnlichen Hauses, so wie sie Max Grundig haben wollte, der zu Zeiten Ludwig Erhards als das personifizierte Wirtschaftwunder galt. Der sonst so sparsame Mann investierte geradezu lustvoll in das Hotel auf den Höhen des Schwarzwaldes, das er gern als sein „Baby" bezeichnete.

Wenn es nicht nur farbiges Geflunker ist, dass es Hotels gibt, die so etwas wie eine Seele haben, beginnt die Entwicklung des Außergewöhnlichen tatsächlich beim persönlichen Einsatz der Investoren. Aber lohnt es sich auch wirtschaftlich, in Hotels zu investieren? Eine häufig gestellte Frage. Wer wie Grundig seinerzeit geschätzte 150 Millionen Mark für 74 Zimmer und 16 Suiten ausgab, wird schwerlich eine schnelle Rendite erzielen, das gilt ebenso für die vielen

Hotel-Fonds-Zeichner, die beispielsweise für das historische Strandensemble Heiligendamm an der Ostsee ihr Geld einsetzen. Anno August Jagdfeld appelliert darum an den Schöngeist: Sie kaufen ein brillantes Stück Deutschland und investieren in ein edles Hotel. Wer wird da noch an Rendite denken?

Die meisten Hotels gehören nicht den Hotelgesellschaften, die sie vermarkten, sondern Wirtschaftsgrößen, Blaublütern und Scheichs, die sie als Liebhaberei, zum Vorzeigen und nur manchmal als Investment verstehen. Das gilt ebenso für das Pariser „George V.", das zwar ein Four-Seaons-Hotel ist, aber dem saudischen Prinzen al Waleed Ibn Talal Ibn Abdlases gehört. Der hatte erfolgreich ein Finanzimperium aufgebaut, bevor er mit der Pflege seines Hobbys, schöne Hotels eben, begann. Die produzieren zwar Verluste, sind aber brillante Vorzeigeobjekte.

Dem Gast kann es egal sein, wenn die Qualität stimmt. Wenn Vielreisende über die beste deutsche Hotelgruppe diskutieren, habe ich noch nie gehört, dass der Name Dr. Oetker fällt. Dabei ist der „Puddingkönig" Rudolf August Oetker gewiss ein heißer Kandidat für diese Wertung, nur weiß kaum einer, dass er „Brenner's Park Hotel", das „Bristol" in Paris oder das „Grandhotel du Cap d'Antibes" besitzt.

Millionen Waffelkäufer haben den Kaufmann William B. Johnson aus Atlanta zum Milliardär gemacht. Er erfüllte sich seinen Lebenswunsch und kaufte das erste Grandhotel, das Cäsar Ritz auf amerikanischem Boden erbaut hatte, das „Ritz-Carlton" in Boston. Daraus wurde die gleichnamige hochklassige Hotelkette, die inzwischen aber an Marriott verkauft wurde.

Noch leidenschaftlicher ging der Londoner Anwalt Vivian Read vor, der seine Ersparnisse opferte, um auf Mallorca eine 500 Jahre alte Finca in ein vorzügliches Hotel im Herrenhausstil zu verwandeln. Anders als die anderen führt er das ungewöhnliche Domizil in Eigenregie. Schön und gut. Ärger ist dagegen angesagt, wenn Besitzer ihr Hotel zwar einem professionellen Management anvertraut haben, aber dennoch glauben, bei der Führung mitmischen zu können. Über deutsche Beispiele will ich den Mantel des Schweigens legen, der Fall des Japaners Takeshi Sekiguchi ist deutlich genug. Der hatte auf der Insel Maui das größte Wellness-Resort der Welt gebaut, nach kurzer Zeit das Hyatt-Management rausgeworfen, um „Grand Wailea" in Eigenregie zu führen. Schnell rauschte die Klasse des Hotels wie hawaiische Wasserfälle ins tiefe Tal.

Welche peinlichen Verirrungen passieren, wenn vom Besitzer Sparsignale falsch gestellt werden, erlebte ich im „Dorchester" am Londoner Hydepark, das der Familie des Sultans von Brunei gehört. Hier im Herzen britischer Tea-Time-Kultur wurde der Tee in der Lobby Lounge mit einem ordinären Beutel und leidlich heißem Wasser serviert. Ein Stich ins Herz.

Grandhotels mit dem gewissen Etwas

BRENNER'S TRADITION MIT NEUEM SCHWUNG

Wenn die Zeit gekommen ist, dass sich der Hotelchef nach 25 oder 30 Jahren verabschiedet und der jugendliche Nachfolger schon in den Startlöchern fiebert, ist in der Übergangsphase oft Ärger, sind Reibungsverluste vorprogrammiert.

Bei meinem Besuch im „Brenner's Park Hotel" wurde gegenläufig vorgeführt, wie ein derartiger Wechsel auch harmonisch ablaufen kann. Richard Schmitz, der nicht nur das renommierte Hotel zu dem gemacht hat, was es heute ist, sondern auch einer ganzen Riege heute bekannter Hotelmanager das Karriererüstzeug vermittelte, übergab die Regie an den jungen Frank Marrenbach. Mit der Schubkraft des Neuen ging der sofort den zweifelsohne vorhandenen Renovierungsstau an, baute einen großartigen Wintergarten, wie er sonst nur in *Home and Garden* zum

Träumen anregt, schuf gemütliche Kaminecken und eine der schönsten Hotelbars im Lande. Essen und Trinken – ich habe es oft erlebt – war im „Brenner's" ordentlich, aber nie aufregend und schon gar nicht mit Gourmetfreuden verbunden. Jetzt ist Genuss eingekehrt. Und Schmitz unterstützt ihn. So aufpoliert, gehört das Flaggschiff der vielleicht hochklassigsten deutschen Hotelgruppe Doktor Oetker mit Hotelperlen wie dem

„Bristol", „Paris", „Château St. Martin", „Hotel Du Cap Eden-Roc" et cetera exakt in die Auswahl der Besten der Besten, der *Selektion deutscher Luxushotels*. Dieser Zusammenschluss der feinsten *Leading Hotels* im Lande ist vergleichbar mit

der Vereinigung *Swiss Deluxe Hotels,* die so strenge Kriterien hat, dass das berühmte „Badrutt's Palace" in St. Moritz durchfiel.

Das „Brenner's" im herrlichen Park ist nicht einfach ein Grandhotel, sondern eine Welt für sich. Kein Quartier für Eilige, sondern eine Residenz für Reisende, die den Aufenthalt in kultivierter Umgebung genießen. So wie der „Nassauer Hof" in Wiesbaden, das „Raffles Vier Jahreszeiten" in Hamburg, das „Park Hotel" in Bremen, das „Excelsior Hotel Ernst" in Köln und das „Mandarin Oriental" in München, die alle der *Selektion* angehören. Die Kriterien für die Mitgliedschaft sind klar umrissen: Eleganz und Gediegenheit eines Grandhotels sind Voraussetzung, sie müssen aber gleichzeitig für den Zeitgeist offen sein, der sich in Kultur und moderner Lebensqualität ausdrückt. Unterschiedlich sind die Konzepte und Ausrichtungen der einzelnen Mitgliedshäuser. Die Gemeinsamkeit, die sie verbindet, ist der hohe Anspruch, dem Gast jeden möglichen Komfort und individuellen Service zu garantieren.

Der Anspruch der *Selektion* kann aber kein maßgeschneidertes Konzept für jeden Hotelgast sein. In wirtschaftlich schwierigen Zeiten sind immer mehr eher auf der Suche nach Hotels, die sich allein über den Preis definieren. Doch Gäste, die Lebensart und Service suchen und das bezahlen können, bekommen in den Häusern der *Selektion* hohen Standard garantiert.

Die Maxime wird von Karl Nüser, Präsident der *Selektion*, formuliert: „Die Weltklasse eines Hotels macht in erster Linie der Service aus. Aber Ambiente und Ausstattung müssen stimmen, damit die vorzügliche Arbeit am Gast überhaupt zur Wirkung kommen kann."

Küchenchefs
schreiben Bestseller

KOCHBÜCHER ALS SPIEGEL
DER GOURMANDISE

Jean-Georges Vongerichten, der zurzeit höchst-
bezahlte Koch der Welt, serviert im Restaurant
des New Yorker Fünf-Sterne-Hotels „Trumps
International" *Crème brûlée* von der Stopfgansleber mit einer lustvollen Fülle schwarzer Trüffel.
Im Glas duftet der 76er Château d'Yquem wie
eine pralle Sommerwiese. Die Sinnesorgane ju-
bilieren.

Von wegen, Essensfreuden sind nur die Erotik im Alter… Die Lust an Köstlichkeiten und
Tafelglück hat im Augenblick auf der ganzen
Breite die Nase vorn, nicht nur in diesem exzel-
lenten Hotelrestaurant.

So schlägt Küchenkunst selbst Sex – zumindest, wenn es nach der Auswahl der Literaten
und Meister der bewegten Bilder geht.

Gleich drei Bücher zum Thema Essen führ-
ten in den zurückliegenden zwölf Monaten die

Bestsellerliste der „New York Times" an, und auch bei uns wird in „Kulinarische Liebschaften" (Andreas Staikos) geschmökert und Peter Mayles kulinarische Tour de France mit dem Titel „Vive la Fête" verschlungen. „Die Geständnisse eines Küchenchefs" sind, wie „Chocolat", begehrte Filmvorlagen des Augenblicks. Die Bühne der Gourmetküche mit Grill und Patisserie stellen das beliebteste Ambiente dar.

In den Regalen des Buchhandels schmoren 100 000 verschiedene Kochbücher, und Küchensendungen mit Rezeptservice sind in nahezu allen Programmen des Fernsehens die begehrtesten Hors d'œuvres vor dem eigentlichen Erlebnis.

Chapeau: Seine Majestät, der Koch, wird gefeiert. Keine Berufsgruppe hat in den letzten beiden Jahrzehnten eine derart gewaltige soziale Aufwertung erlebt wie die Künstler am Herd. Durch die gastronomischen Ehrenzeichen wie Sterne, Hauben, glanzvolle Titel und hohe Punktezahlen sind sie zu den wahren Stars der Gesellschaft geworden, oft wichtiger als die Gäste. Wenn sie in den Edelrestaurants zur späten Stunde huldvoll durch die Reihen schreiten, genießen sie die Gunst des verehrten Publikums. Eine beeindruckende Entwicklung.

Den größten Anteil daran haben die Hotels, die sich in allen Ländern zu Gralshütern der Gourmandise entwickelt haben.

Entscheidend dafür ist die Erkenntnis, was der Hotelgast wirklich will. Eine Untersuchung von J. D. Power belegt, dass zwei Drittel aller Hotelgäste Essen und Trinken in der schönsten Form zu den drei wichtigsten Kriterien eines Luxushotels zählen, 39 Prozent der Vielreisenden bewerten ihr Domizil unterwegs vor allem nach dem F & B-Bereich (Essen und Trinken).

Eine spektakuläre Wandlung: Noch in den 70er Jahren wagte kaum ein Concierge, das eigene Hotelrestaurant zu empfehlen, wenn Gäste fragten, wo man denn gut essen könne. Hotelrestaurants, das war internationale Langeweile, Hawaii-Toast und Braten mit pampiger Sauce. Wie sich das gewandelt hat.

Die international besten Köche wie Alain Ducasse im „Plaza Athenée Paris" oder in Deutschland Harald Wohlfahrt („Traube Tonbach") und Dieter Müller („Schloss Lerbach") zaubern in der finanziellen Sicherheit bedeutender Hotels. War es einst eine Sensation, wenn ein Hotelkoch mit einem Michelin-Stern ausgezeichnet wurde, leuchten heute allein in der deutschen Hauptstadt von sieben Michelin-Sternen fünf über Hotelrestaurants. Keine Chance mehr für Vorurteile.

Tafeln wie Gott in Lerbach

FRÖHLICHES BEKENNTNIS IM BERGISCHEN LAND

Kann ein genussvoller Abend im Hotel – mit großem Menü, mit Trüffel im Weckglas, marinierten Langustenscheiben, mit Trilogie von der Gänseleber und Feigen-Rosmarin-Brioche – die Grundsatzfrage nach hochklassigem Genuss und Kunst, das Leben zu feiern, im deutschen Übernachtungsgewerbe beantworten? Soweit schon: Ja, wir haben auch in Deutschland Gourmethotels, in denen Savoir-vivre gepflegt wird, auch von der Klasse des „Les Crayers", eines „Les Pres D'Eugénie", der „Auberge de L'Ill" oder des „Château du Domaine St. Martin", alle in unserem Nachbarland Frankreich.

Der Drei-Sterne-Koch Dieter Müller und seine Brigade zauberten zum Jubiläum im „Schloss Lerbach" in der Nähe von Köln derart, dass alle bisherigen Wertungen übertroffen wurden.

Zehn Jahre besteht dieses romantische *hide-away* mit dem vorzüglichen Restaurant, Kuschel-ambiente und liebenswertem Service als Herz-stück des implantierten Genusses im Siemens-Schloss, das einst für den Hotelier Thomas Alt-hoff mit Problemen verbunden war: Schwamm im jahrhundertealten Gemäuer, bautechnische Mängel ohne Ende, verschobene Eröffnung.

Alles vorbei, vergessen. Der Kölner Hotelier, der erst mit Businesshäusern Geld verdiente, bevor er sich in die Hochklassigkeit wagte, hat sich die Gourmandise – neben Ambiance und Beauty plus Wellness – als Schwerpunkt seiner Hotel-philosophie gesetzt. Lerbachs zehnter Geburtstag ist somit auch der zehnte Geburtstag einer deutschen Hotelgruppe auf dem Weg in die internationale Spitze.

Da saß das kulinarische Quartett mit den ernst dreinblickenden Päpsten von Gault Millau und Michelin, von Varta und Schlemmer Atlas, die sonst jeweils dem anderen eher einen falsch präparierten, hoch giftigen Kugelfisch zum Hauptgang wünschen, geradezu andächtig beim Genießen vereint.

Diesmal mussten sie keine Wertung vergeben und Punkte zählen. Es ging allein um Gaumenkitzel, Augenweiden, Ohrenschmaus, um die Kunst, das Leben zu feiern. Wenn Gott nicht in Frankreich unterwegs ist, muss er in Lerbach sein.

Schön, dass wir solche außergewöhnlichen Refugien haben. Heiner Finkbeiners „Traube Tonbach", ebenso Heinz Winkler mit seiner „Residenz" in Aschau, auch Helmut Thieltges und das „Waldhotel Sonnora" in der Hocheifel zählen dazu.

Noch schöner aber ist, dass die Deutschen jetzt auch diese Häuser mit klarem Bekenntnis zum Genuss annehmen und bereit sind, den folgerichtig höheren Preis zu bezahlen. In der diesjährigen „Hornstein-Liste", der Hotel-Gesamtwertung aller Guides, belegen die kleinen, individuellen Häuser für Connaisseurs die Plätze eins bis fünf. Erst als Nummer sechs kommt das nach der gebündelten Meinung der Kritiker beste deutsche Stadthotel, das „Vier Jahreszeiten" in Hamburg.

Und dieses Hotel stellt genau die Schnittstelle dar zwischen städtischer Businessadresse und genussorientiertem Kuschelhotel, wo liebevoll mit den Menschen umgegangen wird, mit Freuden für alle Sinne.

Tempel
der Träume

DIE VILLA FELTRINELLI,
BOB BURNS' LEBENSWUNSCH

Es gibt sie tatsächlich, diese nur schwer zu beschreibenden Augenblicke, diese Momente, in denen man vor Begeisterung und Freude einfach abheben möchte. Ein Besuch in der „Villa Feltrinelli" ist mein taufrisches Beispiel dafür. Kaum bin ich in diesem Traumdomizil, sitze ich auch schon auf dem fliegenden Teppich, so wie der Hausherr Robert (Bob) Burns es vorausgesagt hatte: Wer das Herrenhaus am See betritt, wird das Gefühl haben, zu schweben.

Alles will ich gleichzeitig machen, die warmen Makronen und Mandelschnitten zum Begrüßungsespresso genießen, die Schönheit der historischen, kathedralenhohen Halle in tiefen Zügen verinnerlichen, aber auch schnurstracks über blütenweißen Kiesel aus zerkleinertem Carrara-Marmor zum See hinunterlaufen, der – von schneebedeckten Bergen gerahmt – sich der

Sonne entgegen weit öffnet und das Bild eines Ozeans vorgaukelt. „Villa Feltrinelli" heißt das außergewöhnliche Hotel am Gardasee bei Gargano, eine knappe Autostunde vom Flughafen Verona entfernt. Von Hotel zu reden, trifft es eigentlich nicht. Juwel, *hideaway* für extrem Verwöhnte, historisches Kleinod sind bessere Bezeichnungen für den Tempel mit 20 Suiten.

Bei so viel Eleganz, Tradition, Schönheit und Luxus verbietet es sich, über Geld zu reden. Doch 32 Millionen Euro für ein derart kleines und exklusives Haus auszugeben, das erlaubt eine Ausnahme. Um Gewinn zu machen, müssten die Zimmer bei totaler Auslastung 2 000 Euro die Nacht kosten. Der Hausherr macht sich keine Illusionen. Für ihn gibt es Wichtigeres. Er nennt das Hotel „Lebenswerk, Hobby und Glücksgefühl". Schön, wenn man das kann.

Die wenigsten werden diesen ungewöhnlichen Bob Burns, der mit 72 den Spätherbst seines erfolgreichen Hotellebens genießt, vom Namen her kennen. Burns hat in den 70er Jahren in Zusammenarbeit mit dem deutschen Hotelier Georg Rafael die „Regent"-Gruppe aufgebaut und zur besten der Welt gemacht. Als er 1992 seine Anteile an „Four Seasons" verkaufte, war er mit einem Schlag ein steinreicher Mann, der nicht mehr auf Profit Wert legen muss. Das ist der Hintergrund der höchst ungewöhnlichen Story zum vielleicht kleinsten Grandhotel der Welt, das einst für den „Duce", Benito Mussolini, das fürstliche Zwangsexil seiner letzten Tage war. Nach dem Krieg versank das Anwesen in einen jahrzehntelangen Dornröschenschlaf.

Am Abend lauschen wir den Klaviermelodien im Salon, die Mussolinis Sohn (zweimal habe ich ungläubig nachgefragt) heute aus den Tasten streichelt. Welch ein Wechselspiel der Geschichte. Die Entscheidung des Hotelenthusiasten Burns, das 1890 erbaute neugotische Schlösschen unter Aufsicht des Denkmalamts wachzuküssen und durch die Millioneninvestition vor dem Verfall zu bewahren, macht den lustvollen Besuch möglich.

Die kunstvoll geschnitzten Hölzer an den Wänden, die prächtigen Böden, die Deckenfresken und weitschwingenden Treppen wurden restauriert, die Salons und Suiten mit teuren Antiquitäten als Gebrauchsmobiliar eingerichtet. Durch die bunten, geschliffenen Glasscheiben fällt sanft das Licht. Ein Aufenthalt wird zum unvergesslichen Erlebnis. Ein besonderer Ort, eine außergewöhnliche Nacht zu erleben und Tage voller Blütenduft. Probieren Sie's, träumen Sie einfach mal, Sie wären Rockefeller. Ganz im Ernst, keiner muss dazu sein Depot oder den Bausparvertrag auflösen. Die Preisliste beginnt bei 300 Euro im Winter und 375 im Sommer. Und darin sind sogar Frühstück, Wäscheservice und Minibar enthalten.

Was der gute Name wirklich wert ist

MILLIONEN DOLLAR FÜR DIE NUTZUNGSRECHTE

Alle tun es, ohne groß darüber nachzudenken. Wir unterschreiben mit unserem guten Namen, so wie es uns ein Kreditkartenunternehmen mit Tiefenwirkung eingeimpft hat. Der gute Name ist über jede Werbeformulierung hinweg eine ganze Menge wert. Doch am meisten wohl in der Hotellerie.

Nehmen Sie das „Adlon". In den 50er Jahren existierte die Hotellegende nur noch als Vorkriegserinnerung. Konrad Hilton, den man in jenen Tagen den Hotelkönig nannte, weil kein anderer Name ein derart feststehender Begriff für komfortable Domizile war, wollte für ein Berliner Hotel von Hedda Adlon den aus der Tradition guten Namen erwerben. Hiltons Generalbevollmächtigter Kurt Strand traf sich am Kurfürstendamm mit ihr. Hedda Adlon, die Witwe von Louis Adlon, forderte mal eben zwei Millionen Dollar, 1955 eine gewaltige Stange Geld (damals rund neun Millionen Mark). Mister Strand fragte darum auch leicht irritiert: „Ist darin das Grundstück im Sowjetsektor eingeschlossen?" Nun zeigte sich die gnädige Frau überrascht: „Um Himmels Willen, das ist ausschließlich für den guten Namen mit Weltgeltung." „Das gilt für den Namen Hilton eben-

falls", sagte Mr. Strand. Man kam nicht zusammen und wünschte sich einen schönen Tag.

Die Preise für große Hotelnamen kletterten mit den Jahren weiter. William Johnson, der Mann, der in Atlanta jährlich dreistellige Millionenbeträge mit Waffelhäusern erwirtschaftet –

Sie wissen schon, Waffeln mit heißen Kirschen oder Ahornsirup –, zahlte den Nachkommen der Familie Ritz 50 Millionen Dollar, um seine Hotels „Ritz-Carlton" nennen zu dürfen.

Leid tut mir heute noch der nach Frankreich ausgewanderte Rumäne Henry Negresco, der in Nizza auf eine Goldader namens Alexandre Darracq gestoßen war, der ihm 1912 sein brillantes Hotelkonzept mit der prachtvollen Fassade an der Côte d'Azur finanzierte. Negresco bemühte sich für sein herrliches Grandhotel verzweifelt um den geschützten Namen Bristol. Negresco, das erkannte er, verkörperte zu seiner Zeit nicht Prunk und Luxus wie eben Bristol. Der Name blieb ihm aber verwehrt. Mit der feinen Herberge ging es schnell bergab, bis sie schließlich ein Obdachlosenasyl war. Verrückte Welt: Als Henry Negresco längst auf dem Armenfriedhof lag, erfuhr sein Prachtsymbol der Belle Époque späten Ruhm. Ein Pariser Milliardär erwarb das Hotel und gab, wie er selber sagte, mindestens die Hälfte vom Kaufpreis (seinerzeit umgerechnet 37 Millionen Mark) für den Namen Negresco aus. Wie sich die Dinge manchmal umkehren.

So viele Geschichten, so viele Mythen. Heutzutage gibt es weltweit 4 000 Gruppen und Marketing-Zusammenschlüsse in der Hotellerie, doch nur ganze zehn Namen bilden die *Champions League,* haben absolute Weltgeltung. Da bleibt noch Platz für die Zukunft. Weil aber die herkömmlichen Namensmöglichkeiten abgegrast sind, versucht man aus anderen Branchen Klangvolles zu übertragen. Bvlgari wird beispielsweise bald eine neue Hotelgruppe heißen. Opus und Bugatti sind im Gespräch. Alles Beispiele, wie wertvoll gute Namen in der Hotellerie sein können.

Wo Morgenstunde noch Gold im Munde hat

FRÜHSTÜCK IM HOTEL – EIN GUTER START

Beim Frühstück hat jeder seine eigene Start-in-den-Tag-Formel, die er auch unterwegs im Hotel nicht aufgeben mag. Die Körnerfraktion kann man mit dem feinsten Serrano-Schinken-Brötchen nicht umstimmen, und wer auf Croissants mit Marmelade steht, tauscht die persönliche Vorliebe nicht gegen ein getrüffeltes Omelette ein.

Für mich beginnt der ideale Tag, in welchem Hotel auch immer, mit ein paar Scheiben Papaya oder Ananas (gesund), drei Tassen starkem Kaffee (ungesund) und Schwarzbrot oder Bagel mit Lachs, Frischkäse und Tomaten. Wahrlich nichts Besonderes, eher anspruchslos für ein gutes Hotel. Und weil sich das so leicht ordern lässt, brauche ich keine opulenten Frühstücksbüfetts, die dazu auch noch mit Aufstehen, Anstehen, Gesprächsunterbrechung verbunden sind. Die

Mehrheit der Hotelklientel sieht das anders. 70 Prozent bevorzugen diese Form für die wichtigste Mahlzeit des Tages, die in einem winzigen amerikanischen Landhotel erfunden wurde, als alles, was am Morgen im Hotelkühlschrank lag, auf einen großen Tisch gestellt wurde, zum Selbstbedienen, weil es kein Personal gab.

Vielleicht findet das Büfett aktuell vor allem darum überwältigende Zustimmung, weil die meisten Gäste gar nicht mehr wissen, wie gediegener, perfekter, kultivierter Frühstücksservice am Tisch aussieht. Ich wünsche jedem, einmal im „Château de Bagnols", im „Peninsula Hong-

kong" oder im „Cipriani" frühmorgendliches Schlaraffenland durch zelebrierten Service zu erleben.

Einmal unabhängig davon, ob nun Service am Tisch, Selbstbedienung am Büfett oder Frühstück im Bett, immer wieder werde ich gefragt, welches Hotel von den Produkten und der Atmosphäre her die erste Mahlzeit des Tages am angenehmsten macht. Eine solche Rangliste ist problematisch. Die Fischvielfalt zu knusprigen Broten ist im „Söl'ring Hof" auf Sylt gerade recht für den großen Hunger in salziger Luft, der Wagenservice mit appetitlichen Offerten im Hamburger „Vier Jahreszeiten" ideal für ein Geschäftsgespräch, das nicht unterbrochen werden soll. Auch die angenehme Atmosphäre im „Four Seasons Berlin" oder im „Bristol" in Paris fällt mir spontan ein. Und wenn es denn Büfett sein muss, gibt es kein vielfältigeres Produktangebot als im „Turnberry Isle", nördlich von Miami, das zur „Mandarin-Oriental"-Gruppe gehörte und heute ein „Fairmont"-Hotel ist. Gleich gut ist das „Peninsula" in Hongkong.

Ob Morgenstund' tatsächlich noch Gold im Mund hat, fließt bei Hotelbewertungen viel zu selten ein. Dabei kann schlechtes Hotelfrühstück ärgerlich und sogar richtig gefährlich sein.

Passionierte Teetrinker beispielsweise müssen in Hotels leidensfähig sein, lieblose Aufgussbeutel und lauwarmes Wasser im Kännchen sorgen für die ganz normale Alltagsfrustration. Und Risikofaktor Nummer eins beim Aufenthalt in einfachen Hotels ist der Toaster am Büfett. Da ist die Selbstbedienung längst nicht mehr nur ein Genussproblem, häufig müssen Brandverletzungen verarztet werden, weil Gäste mit den Geräten nicht zurechtkommen.

Bett zwischen Himmel und Hölle

ERSTE ERFAHRUNGEN MIT DER LUFTHANSA BUSINESS CLASS

Wenn das der Himmel (über den Wolken) sein soll, dann schickt mich lieber in die Hölle, war der Gedanke der ersten Minuten und umreißt ziemlich genau meine persönliche Stimmungslage zum Start in die neue Businessära der Lufthansa mit meinem Bett in elftausend Metern Höhe. Die Begegnung mit dem neuen Produkt auf der längsten Strecke der deutschen Airline von Frankfurt nach Santiago de Chile hatte eine lästige Vorgeschichte: Gleich mehrmals wurde ich mit einem „dringenden Aufruf" aufgefordert, zum Abfertigungsschalter zurückzukehren, quälte mich jedesmal durch drei Hundertschaften Wartender zum LH-Schalter, nur um mich erneut fragen zu lassen, ob ich gegen 600 Euro Prämie nicht von meinem Flug zurücktreten wolle. Der Flug LH 526 war (wie kundenfreundlich) wieder mal gnadenlos überbucht.

An Bord wurde die zweite Stimmungsbremse aktiviert. Mein fünfunddreißigtausend Euro teurer Schlafsitz 2K machte keinen Muckser, ignorierte alle Tastbefehle. Weil das häufiger passierte, flog stets ein Techniker mit und der schaffte es mit Geduld, meinen Sitz wieder zu beleben. Beim Unterhaltungssystem musste allerdings auch er passen. Da machte der Cursor, was er wollte und jeder Spielfilm schaltete nach ein paar Sekunden wieder auf die Gesamtübersicht. Also keine Liebe auf den ersten Blick, eher Fegefeuer. Das Produkt selbst, bei dem natürlich nicht jeder LH-Gast die Kinderkrankheiten erleben und pflegen muss, ist an sich richtig gut. Funktioniert der Sitz, bewegt er sich automatisch auf Tastendruck in drei gewünschten Ebenen: Arbeitsstellung, Relaxliege und Zwei-Meter-Bett. Nicht ganz eben ist die Liegefläche, da setzt die Physik Grenzen, eine solche Schlafläche aus 160 cm Sitzabstand zu zaubern. Doch ganz egal, ob Seiten-, Bauch- oder Rückenschläfer, angenehme Ruhe finden hier alle, die überhaupt an Bord schlafen können. Zwischen angenehmen Träumen lässt sich immer wieder das individuelle Feintuning wie gewünscht verändern.

Das Beste an dem neuen Business-System ist dabei die massive Rückenwand hinter jedem Sitz, hervorragend ausgetüftelt. Sie verhindert, dass man vom Hintermann beim Griff an die Lehne wachgerüttelt wird oder seine Füße im

Kreuz spürt. So rutsche ich also in meine Schlaf-
öffnung unter den Sitz des Vordermanns, ziehe
die kleine Trennwand und kann entspannt
ruhen. Als ich nach ein paar Stunden Schlaf es
doch noch mal mit dem Unterhaltungspro-
gramm am großen Bildschirm probiere, reagiert
das Gerät vorübergehend vernünftig. Doch der
weiße Cursor auf weißem Grund lässt sich so
genau verfolgen, wie ein Golfball im frischen
Schnee. Schließlich auf *play* (los geht's) balan-
ciert, erscheint unter blauem Balken wieder die
Übersicht, was man alles sehen könnte, wenn es
denn funktionieren würde. Schwuppdiwupp
beginnt das Spiel von vorn: „Wie überliste ich
das System?" Doch zu viele Fallstricke zwingen
den Geduldigsten zur Aufgabe. Doch was soll's.
Entscheidend beim Nachtflug ist der Platz zum
Liegen.

Auf dem Rückflug ist mein Sitz von Anfang
an ein angenehmes Schlummerbett auf dem
Vierzehn-Stunden-Flug von Buenos Aires nach
Frankfurt. Dagegen nimmt sich das erste Teil-
stück zwischen Santiago und Argentinien wie
ein Katzensprung über die Anden aus. Diesmal
liegt der Techniker mit Taschenlampe und
Know-how unter dem Sitz mit der Nr. 1A vor
mir. Auch diesmal besiegt er das Pannenteufel-
chen. Das Frühstück am Morgen ist absolut in
Ordnung, auch die Vorspeisen beim Dinner sind
akzeptabel, die Hauptgänge dagegen grotten-

schlecht. Um mein Filetsteak zu zerlegen, hätte man Schneidbrenner ausgeben müssen. Die Rotbarbe auf dem Teller meines Nebenmanns war zur Farce zerkocht. Der Rotwein, ein kleines bürgerliches Gewächs aus Bordeaux, hatte die ideale Chablis-Kühle. Die kleinen Mäkeleien erwähne ich nur, um auch im Detail aufzuzeigen, dass die neue Business kein Ersatz für die abgeschaffte First sein kann.

Dass das ausgerechnet auf dem längsten LH-Flug passierte, ist auf den ersten Blick eine etwas schwer verständliche Marketingentscheidung. Allein vom Service und von der Atmosphäre bei 66 Plätzen wird es immer Unterschiede geben. So wurde erst exakt dreieinhalb Stunden nach dem Abheben Kaffee und Tee serviert. Bei dem zwangsläufigen Porzellangeklapper helfen auch keine Ohrstöpsel, um Ruhe zu finden. Bei meinem letzten Flug in der „Ersten Klasse" im Oberdeck der 747-400 mit einigen Wirtschaftsführern an Bord war bereits nach anderthalb Stunden Flugzeit erquickliche Nachtruhe eingekehrt. In der Summe aller Dinge ist die neue Business-Class fraglos ein attraktives Angebot, allein schon vom Preis. Die Reise von Berlin in den entlegensten Winkel der Welt kostet 6 600 Euro, während der Gast für die First knapp 10 000 Euro investieren musste. Noch Fragen?

Anmerkung: Inzwischen sind die Kinderkrankheiten geheilt.

Hotels fürs kleine Abenteuer

KOMMUNIKATION MIT EINIGEN GOLDFISCHEN

Niemand zweifelt daran, dass es hier spukt. Von weitem zu sehen, thront Aughnanure Castle zwischen Galway und Clifden auf einem Berg oberhalb des Drimneen River, nahe einer verfallenen Ruine.

Ein echtes irisches Geisterschloss. Über den grauen Türmen krächzen schwarze Totenvögel. Die Wände wirken trutzig und eisig klamm zugleich. Außer den heiseren Klagelauten der Raben hüllt dramatische Stille die Szene, wo einst der Heilige Patrick mit dem *Shamrock* (Kleeblatt) als Zeichen göttlicher Dreifaltigkeit dem heidnischen Auftrieb von Geistern, Elfen und Götzen entgegentrat. Heute scheinen sie zurückgekehrt, machen den Aufenthalt werbewirksam unheimlich.

Traditionelle City-Hotels der besseren Art und elegante Ferienresorts von hohem Genusswert benötigen für die Marketingstrategie keine Geister und keinen Ideenzauber, um auf sich aufmerksam zu machen. Im breiten Feld der Mittelmäßigkeit aber sind bei diesen Allianzen der Durchschnittlichkeit Gags und imageprägende Eigenheiten hilfreich, um eine Marketingpositionierung zu finden.

Die Einsamkeit des Gastes in seinem Kurzzeitzuhause, fernab von Daheim in der oft beklagten Seelenlosigkeit eines austauschbaren Quartiers, brachte einen pfiffigen Hotelmanager

auf die Idee, Kommunikation mit Goldfischen anzubieten. Unter dem Stichwort: *Mission Goldfisch* offeriert das zu Forte gehörende „Hotel des Bergues" in Genf eine Suite mit einem Goldfischpaar im Aquarium. Ob Cäsar und Kleopatra, die Noblen, Romeo und Julia, das ewige Liebespaar, oder Tom und Jerry, die Freunde aus Kindertagen: Diese und viele andere Goldfischpaare sollen dazu beitragen, den Aufenthalt im Hotel angenehmer zu gestalten.

Das 165 Jahre junge „Hotel des Bergues" residiert in einem prachtvollen historischen Gebäude im neoklassizistischen Stil in der Genfer Stadtmitte direkt am See und ist Mitglied der *Leading Hotels of the World* sowie der *Swiss Deluxe Hotels*. Auf der nach oben offenen Skala „aufregend bis verrückt" reihen sich Domizile für alle Interessenlagen und Wünsche: in Baumwipfeln oder Vulkanhäusern wie im „Hana Iti" auf Huahine (Französisch-Polynesien) oder unter Wasser wie vor dem Great Barrier Reef. Oder hoch oben im Leuchtturm „Roter Sand" in der Nordsee, wo bis zu sechs Gäste die Möglichkeit haben, mit Meeresrauschen einzuschlafen.

Ob Bett oder Bar – im „Ishotellet" im schwedischen Jukkasjärvi besteht die komplette Einrichtung aus Eis. Das Hotel öffnet jeweils Anfang Dezember und schließt Ende April. In Südspanien wiederum wurden Originalberghöhlen wohnlich ausgestattet. „Treasure Island", das 2900-Zimmer-Hotel in Las Vegas, hat Stevensons Schatzinsel nachgebildet. Die Einrichtung wirkt wie aus besten Piratenzeiten, und stündlich tobt draußen die Schlacht.

Hotels in Pyramiden, Schiffen, Schlössern mit Luxus und Kunst – immer gibt es noch eine weitere, nicht vermutete Variante: So plant „Hilton" bereits ganz konkret das Hotel auf dem Mond. Britische Architekten erhielten den Auftrag, alle Vorbereitungen für das „Luna Hilton" zu treffen. Gute Reise.

Neuer Stern am Mallorca-Himmel

DAS ELEGANTE MARDAVALL GEHÖRT ZU SCHÖRGHUBERS IMPERIUM

Die Euro-Asiatin Ai im tadellosen Frack mit Fliege über der Hemdbrust ist der wahrscheinlich hübscheste Butler der Welt (oder sagt man Butlerin?). Ohne jede Aufdringlichkeit umsorgt sie mich im neu eröffneten, teuersten Hotel Spaniens, dem „Mardavall" auf Mallorca. Ai ist immer da, wenn man sie braucht, macht die Reservierungen, organisiert den Fahrdienst, serviert am frühen Morgen des Abflugtages zwischen fünf und sechs das Frühstück. Eine gute Einrichtung, aber auch selbstverständlich, wenn man sich einen kurzen Blick auf die Preisliste des Hotels erlaubt. Gut fünfhundert Euro (nach alter Währung ein glatter Tausender) sind der Einstiegspreis. Für meine Suite 505 müssen glatte 2 500 Euro pro Nacht berappt werden.

Zu viel, wenn man die allgemeine Hotelentwicklung und speziell die auf Mallorca berücksichtigt? Gegenrechnung: Für die 133 Zimmer und Suiten wurden mehr als 85 Millionen Euro aufgewandt und die sollen, wenn möglich, irgendwann auch eingespielt werden, hofft der Münchener Bauherr Stefan Schörghuber.

Söhne von starken, erfolgreichen Vätern, so skizziert man gemeinhin die Rollenverteilung, seien häufig Schlaffis, die das Erbe im besten Fall verwalten, so gut wie nie aber mehren. Sollte das eine gesicherte Erkenntnis sein, ist Schörghuber die Ausnahme, die die Regel bestätigt. Aus den eher zaghaften Hotelversuchen des Vaters baute der Sohn mit starken Helfern wie Robert Salzl die florierende „Arabella"-Gruppe auf, verband sie mit „Sheraton" zur „Arabella-Sheraton"-Kette. Das Flaggschiff „Mardavall" wirkt dabei mit teuren Materialien und der phantastischen Lobbykonstruktion über fünf Stockwerke wie ein Denkmal zu Lebzeiten.

Die „505" hat eine Terrasse, so groß wie ein Partyboot mit riesigem Jacuzzi und einem Teleskop, das es möglich macht, die Kaviarkörner auf dem Büfett der vorbeigleitenden Kreuzfahrtschiffe zu zählen. Die edlen Gemälde an den Hotelwänden kann der Gast (zu gepfefferten Preisen) gleich mitnehmen – was die wenigsten tun werden, eher packen sie die wundervollen, hautschmeichelnden Kimonos in den Koffer.

Was bedeutet heute Luxus im Hotel? Zusätzlicher Raum, der angenehm ist, den man aber nicht unbedingt braucht. Die kleinsten „Mardavall"-Zimmer haben mit 45 Quadratmetern Appartementgröße. Dazu ein edles Ambiente, das Atmosphäre schafft. Flachfernseher von Bang & Olufsen und andere hochklassige Geräte mit Funktionalität und Ästhetik gehören dazu.

Die Zukunft des Hotels, sagen Experten, entscheidet sich im Bad. Begehbare Dusche ohne Stolperstufe in allen Zimmern und separate Toiletten sind Basisstandard. Selbstverständlich? Ich nenne Ihnen auf Anhieb ein Dutzend *Leading Hotels,* wo diese Selbstverständlichkeit bis heute nicht nachgerüstet ist. Für die Ausstattung des Spa- und Wellness-Bereiches auf 4 700 Quadrat-

metern darf das Prädikat *einmalig* vergeben werden. Das Toprestaurant hat schon nach kurzem Anlauf Sternequalität. Michael Douglas genoss gerade wie wir die asiatisch angehauchten Gerichte. Ein insgesamt sehr gutes Hotel erlebte ich da, aber das beste? Auch Spaniens Sonne wirft Schatten: Natürlich lässt sich der Service nach kurzer Anlaufzeit noch verbessern, und hoffentlich wächst der Garten, zukünftig naturgegeben, der ja mal eine Poollandschaft werden soll, als Ersatz für den leider fehlenden Strand. Die Gärtner, die das augenblickliche Trauerspiel von Flickenrasen und Ödland geschaffen haben, haben hoffentlich wieder in den erlernten Beruf zurückgefunden.

Sind Gäste
ein lästiges Übel?

WENN DIE EINSTELLUNG
DES PERSONALS NICHT STIMMT

Früher nervten die lästigen Bügel, die auf Schienen rollten und dem Gast das Gefühl vermittelten, ein potenzieller Bügelklauer zu sein. Auch das Summen der Minibar, das Schnarren der Klimaanlage ärgerten mich ebenso häufig wie quälende Schiebefenster, die man nur mit einem Kraftakt in die Höhe bekam, Fernseher mit Flackerbildern oder Matratzen wie Fallgruben. Heute ist die *Hardware* in allen Sternekategorien der internationalen Hotellerie perfekter, die Ausstattung oft grandios, doch nun sind es verstärkt die Serviceschwächen, die für Verstimmung sorgen, wenn man viel unterwegs ist.

Typisch, was ich bei meiner letzten Reise in Fort Lauderdale erlebt habe: Jeder Mitarbeiter im Fünf-Sterne-Domizil „Marriott" erfüllte seine Aufgabe preußisch genau: Der Sand am Strand war wie ein gespanntes Laken plattgewalzt, der

Name der Firma, die mit 500 Mitarbeitern gerade im Hotel tagte, in blauen Kieseln auf den Strand gemalt. Die Katamarane, die Liegestühle, die Strandkörbe standen zentimetergenau in Reih und Glied.

Das Einzige, was in dieser perfekten heilen Hotelwelt zu stören schien, waren für die dienstbaren Geister die Gäste, als Sand im Getriebe der

gut geschmierten Businessmaschine. Ob die zahlende Kundschaft in ihrer Ruhe gestört wurde, kümmerte hier keinen, weder der Lärm der Aufbauarbeiten für die Tagung unter blauem Himmel zur nachtschlafenen Zeit noch am nächsten Tag der Abbau der Zelte mit Gepolter und Geschrei.

Um 6 Uhr morgens wurde im Hotel mobil gemacht, kam jeder Mitarbeiter seinen Pflichten und Vorgaben nach. Die in Plastik gepackte Morgenzeitung klatschte vor die Zimmertür, wurde mit einem Fußtritt unter den Schlitz ins Zimmer befördert. Ein unerbittlicher Weckruf. Wenig später erneut Alarm. Die Staubsaugerbrigade nahm mit lautem Geschnatter den Flur in Besitz. Es schallte und hallte, und jeder erfüllte wieder einmal streng seine Aufgaben. Übrigens sind der Name des Hotels und der Ort des Geschehens heutzutage austauschbar.

Vielreisende diskutieren gern die Frage, was denn nun die wichtigsten Kriterien sind, nach denen die Klasse eines Hotels bewertet werden kann. Konrad Hilton hat immer wieder behauptet: *„Location, Location,* nur der Standort macht's." Cäsar Ritz betonte das Ambiente, das die exklusive Grandhotelatmosphäre schafft. Alfred Walterspiel, lange Jahre „Vier Jahreszeiten"-Chef in München, hob die Küche hervor: „Auch die Hotelliebe geht erst einmal durch den Magen." Was den Service, die intensive Pflege des Gastes betrifft, ist der deutsche „Ritz-Carlton"-Gründer und Hotelvisionär Horst Schulze der Einzige, der dieses Element als das alles entscheidende in der Hotellerie sieht. In seiner Philosophie ist jede Regel, jeder Arbeitsablauf aufzuheben, wenn damit der Gast gestört wird. Er allein soll im Mittelpunkt stehen und nicht im Weg.

Beim Bankett wird am häufigsten gespart

DER ANONYME GAST INTERESSIERT OFT WENIG

Tür zu, abtauchen, ausruhen, mit allen Sinnen genießen. Hotels, die eine Seele haben, zählen zu den angenehmsten Möglichkeiten, sich selbst zu verwöhnen. Darum singe ich Ihnen so gerne das Lied von besonderen Domizilen unterwegs und von liebevoller Gästepflege. Nicht um die Häme zu füttern oder Schadenfreude zu nähren, sondern um auch die Kehrseite der Medaille zu zeigen, dürfen aber Fehler vor und hinter den Kulissen, die selbst in sehr guten Hotels ein Ärgernis sind, nicht verschwiegen werden.

Nehmen wir das „Peninsula" in New York. Prächtige Lage an der Fifth, asiatisch liebevoll die Atmosphäre, sauber jedes Detail. Und dann liege ich auf der Terrasse des herrlichen Wellness-Clubs im 21. Stock und eine Hotelgehilfin erscheint, die schlimmer aussieht als die Männer, die gegenüber dem Hotel ihre nächtlichen Pappkartonburgen aufbauen. Mit bloßen Händen schaufelt sie Eiswürfel aus einem Plastiksack in die Kannen mit Erfrischungsgetränken, die auf einem Board angerichtet sind und schleudert anschließend einen Berg Handtücher, die ganz grob gesehen sauber sind, aber gewiss nicht rein, auf einen Stuhl. Peinlich.

Im „Regent" an der Wall Street, der unkontrollierten Neuauflage eines ehemals großen Ho-

telnamens, erlebe ich einen Empfang der Stadt New York. In diesem schönsten Saal der Stadt schenkt der Kellner den Wein zwischen seinen Fingern, die den Ausguss umklammern, ins Glas. Keiner hat ihm gezeigt, wie man eine Weinflasche richtig hält. Und wenn ich verdurstet wäre, ich hätte nichts getrunken …

Besonders vernachlässigt werden oft die Banketts. Die sind der Aufmarschraum der schwächsten Köche, schlechtesten Kellner und der zusätzlich (ohne Schulung) angeworbenen Mitarbeiter, die für den Restaurantbereich nicht gut genug sind. Im frisch renovierten „Dorchester" in London schlenkerten die Kellner die Tabletts wie Sonnenschirmchen auf der Strandpromenade. Die Häppchen waren von einer nie erlebten Geschmacksneutralität, und das Trüffelscheibchen als Krönung schien aus aromalosem Plastikstoff geschnitzt. Dahinter steckt die völlig falsche Idee der Hoteliers, dass beim Bankett nur anonyme Gästegruppen versorgt werden. Dabei ist doch jeder Teilnehmer auch ein potenzieller Einzelkunde. Dass freilich jede Servicephilosophie nur so gut ist, wie Mitarbeiter sie umsetzen, erlebte ich selbst in einem meiner Lieblingshotels, dem „Turnberry Isle", Aventura. Die Dame hinter der Lobbybar beobachtete mich erst eine Viertelstunde missbilligend, weil sie doch schon beim Aufräumen war, um mir dann triumphierend mitzuteilen, dass es nun drei Uhr sei und damit keinen Service mehr gebe.

Die größte Serviceunwilligkeit weltweit fand ich im „South Seas Plantation" auf Captiva Island. Da lehnte es das Personal ab, Speisen und Getränke an Gäste zu verkaufen, die dieses Hotel

nicht auch als Bleibe gewählt hatten. Ein Schiffs-
eigner startete mit einer Besuchergruppe den
Versuch, wenigstens ein paar Flaschen Cham-
pagner zu bekommen. Mit dem Blick „Ich hasse
Gäste" wies ihn die Restaurantleiterin ab. „Nur
Hausgäste werden bedient."

Im „Excelsior Hotel Ernst" in Köln, dem Hotel in der Nachbarschaft des prächtigen Doms,
wurde ich aus Nachmittagsträumereien gerissen. Trotz des Stücks Pappe an der Tür „Bitte
nicht stören" klopfte der Bote wie verrückt.
Wichtiger war ihm, den Begrüßungsbrief seines
Hoteldirektors zu übergeben. Wie lästig Gäste
doch sein können. Nur Sand im Getriebe des
Hotelbusiness. Und was für eine Frechheit, dass
beim Einchecken im vornehmen „Ritz" in Paris,
wo selbst die Dachkammer 600 Euro kostet, eine
Kreditkartenquittung blanko verlangt wird! Sind
wir denn potenzielle Betrüger? „Aber nein", säu-
selt der französische Servicelächler, „wir wollen
nur Ihren Aufenthalt problemlos gestalten." Derart nichtsnutzige Livree-Pinguine können einem
schon mal den Tag vergällen …

New Yorks Hotels
im ständigen Wandel

DIE SITUATION VERÄNDERT SICH
MIT JEDEM JAHR

Nichts ist schneller alt als ein Hotel, das nicht ständig aufgefrischt wird. Gewiss keine bahnbrechend neue Erkenntnis, aber so wichtig daran zu denken, um sich Enttäuschungen in schönen Hotels zu ersparen, die man länger nicht erlebt hat.

Überdeutlich wurde das bei der Neuorientierung in New Yorks Edeldomizilen. Die Mega-City zwischen Hudson und East River funkelt wieder, der *Big Apple* ist zurück, die Faszination ungebrochen. Doch neu geschrieben werden muss die Empfehlungsliste der Tophotels. Einige persönliche Eindrücke:

Man wartet förmlich auf getragene Orgelklänge, passend zur Requiemstimmung im Dämmerlicht. Begraben wird in der Lobby des einst so hoch bewerteten „Carlyle" die Lebensfreude. Das Hotel mit der brillanten Lage am

Central Park, das den prächtigen Blick aus dem Hotelfenster für die Werbung nutzt, empfand ich auch unter der neuen „Rosewood"-Leitung als müde und alt. Die Dauergäste, seit Jahren im Haus, bemerken es kaum, junge Leute werden aber mit dieser Atmosphäre nicht mehr angesprochen.

Im „Mark", ebenfalls an der Madison Avenue, im Herzen des *Upper East Side Historic District*, wird nicht nur für Experten der Renovierungsstau deutlich. In der Zeit, als das Haus zu Georg Rafaels Gruppe gehörte, war „The Mark" der Geheimtipp in der Metropole und mit seinen 180 großzügigen Wohneinheiten der absolute Künstlerfavorit in *Big Apple*.

Eine wenig glückliche Entwicklung erlebt auch das „Stanhope", das 17 Stockwerke hohe Hotel, Ecke Fifth Avenue, 81st Street, das heute als „Park Hyatt" zur nationalen Gruppe des gleichnamigen Konzerns gehört, aber immer noch oder schon wieder renovierungsbedürftig ist.

Die neue Superadresse in New York ist das „Ritz-Carlton Central Park South". Das von der finanzstarken Millennium-Gruppe erbaute, vielleicht schönste Hotel der Weltstadt mit elegantem Leben und höchstem Niveau. In dem völlig restaurierten Bau aus dem Jahre 1930 entstanden 277 Zimmer und elf luxuriöse Residenzen. Der Club ist einer der bestgeführten überhaupt, und im Restaurant „Atelier" kocht der Elsässer Gabriel Kreuther, vorher war Jean-George Vongerichtens (mit weltweiter Restaurantgruppe) Küchenchef. In kurzer Zeit wurde das Restaurant der Renner in Manhattan.

Ob das jüngste und zusammen mit dem „St. Regis" wohl zurzeit auch beste Haus der Stadt in Zukunft die Klasse halten kann, ist ungewiss, weil der Steuermann, sprich Direktor, von Bord ging und in seine spanische Heimat zurückkehrte. Victor Clavell übernahm das „Arts" in Barcelona.

Das „St. Regis", teuer restauriert, aber lange Zeit wie eine Würstchenbude geführt, erlebt durch einen Deutschen nun eine Glanzzeit. Günter Richter, ein großer Gastgeber, der lange vor der Wende aus Dresden in den Westen flüchtete, die Rosewood-Gruppe und Grand Bay Hotels aufbaute, sorgt nicht nur für einen individuellen Service, sondern auch für ständige Auffrischungen im Haus.

Spitze sind nach wie vor das „Four Seasons" und das „Peninsula", beide mitten im Shopping-Zentrum Manhattans.

Nicht jedes neue Haus verspricht Behaglichkeit. Im „Ritz Carlton Battery Park" schaut man aus vielen Fenstern zwar auf die Freiheitsstatue, doch fehlt dem Hotel die Seele, und außerdem vertun Sie unendlich viel Zeit, um vom *Financial District* in die Boutiquen und Szenelokale zu gelangen. Nach dem 11. September und dem Absturz der *New Economy* können die besten Preise in den am stärksten betroffenen Designer-hotels gemacht werden, im „W"-Hotel am Times Square, im „Hudson" oder „Dylan", wo der *Dot-com*-Generation das Geld ausgegangen ist.

Träumen in chinesischen Betten

„GRAND HYATT" IST DAS HÖCHSTE HOTEL DER WELT

D er Weckruf kommt aus Fernost, da wo die Sonne aufgeht. Juroren und Konstrukteure der verschiedenen Hotel-Weltranglisten, in den USA und Europa, die in diesen Wochen wieder Hochkonjunktur haben, schaut endlich einmal hin, was sich in Asien tut! Hongkong („Peninsula") und Bangkok („Oriental") sind längst nicht mehr die einzigen Städte mit Domizilen der absoluten Extraklasse, wie die Top-100-Aufstellungen verschiedener internationaler Hotelmagazine vermuten lassen. Doch wer hat in Jakarta das „Hotel Mulia" auf der Rechnung, wo drei Servicekräfte einen Gast verwöhnen? Und wer das höchste Hotel der Welt, das „Grand Hyatt", das in Chinas Renommier-Tower „Jin Mao" zwischen dem 53. und dem 87. Stockwerk über Shanghai thront? Und wenn die Experten der sanften Kopfkissen über Tokio sprechen, dann nur über das altehrwürdige „Okura", aber das nagelneue „Grand Hyatt" (die Kette mit dem spektakulärsten Aufschwung) und das „Four Seasons", beide absolute Weltklasse, bleiben ungenannt. Diese Destinationen werden wohl noch immer zu wenig besucht. Dabei ist die neue Hauptstadt Asiens, Shanghai, auch das Ziel für einen faszinierenden Urlaub oder günstiges Christmas-Shopping.

Eine halbe Stunde brauchen wir vom neuen Shanghai-Airport bis zum Hotel im vierthöchsten Gebäude der Welt, das trotz seiner 420 Meter in seiner Art an eine chinesische Pagode erinnert. Im 53. Stock ist die Rezeption. Francis und ihr Team zaubern den vielleicht schnellsten Check-in der Welt. Francis, eine Taiwan-Chinesin, die in Boston studiert hat, ist die Kronprinzessin des Managements, wahrscheinlich wird sie der erste weibliche Hotelchef der Gruppe. In den Stockwerken 53 bis 87 ist das Hotel mit 550 Zimmern untergebracht, darunter eine Chairman's Suite mit Arbeitszimmer, Sauna, Whirlpool und Massagebank.

Dass die Paradewohnungen, die mehrere tausend Dollar die Nacht kosten, vorzüglich sind, ist beinahe selbstverständlich, doch auch das kleinste Standardzimmer geriet mit 44 Quadratmetern fast doppelt so groß wie europäische (ab 180 Dollar). Das Interieur ist modern, Art déco überwiegt, in der Kombination mit funktionellen Elementen. Die Spiegel im hell marmorierten Bad sind beheizt, laufen nach heißem Duschen nicht an. Für europäische Verhältnisse ebenfalls völlig ungewöhnlich präsentieren sich das Restaurantangebot und die Club-Lounge. Im eleganten Ambiente werden zwölf Brotsorten, herzhafte Köstlichkeiten und Früchte aus aller Welt angeboten. Der Cappuccino kann in Rom nicht besser sein. Zehn schick gekleidete Chinesinnen sorgen für liebenswerten Service. Gleich zwölf verschiedene Möglichkeiten hat der Gast bei der Restaurantauswahl: von chinesischer Küche über japanische und italienische bis zum Steakhaus mit Kobe-Rind, dem mit Abstand teuersten Fleisch der Welt. Die meisten Küchen sind offen, der Gast wird voll mit einbezogen. Das ist das Konzept von „Hyatt"-Präsident Bernd Chorengel, das kommt überall an.

Wie Sie sehen, gibt es himmlische Gemächer überall auf der Welt. Aber glauben Sie ja nicht, dass einer wie ich, der in fremden Betten eine Art Belastungs-EKG in Reporterform ablegt, ausschließlich auf Wolken schwebt. In der letzten Woche quälte ich mich in Tokio in einem der schlechtest geführten Hotels überhaupt, im „Nikko", das sich selbst fünf Sterne verpasst hat. Wofür? Kein Service am Abend, und als wir – von den Verkehrsstaus geschafft – am späten Nachmittag aufs Zimmer kommen, ist das immer noch nicht gemacht. Dann der Anruf:

„Ein Fax ist für Sie eingetroffen. Das können Sie sich an der Rezeption abholen …"(!) *Hardware* und Service sind in diesem Haus eine gelungene Einheit der Mittelmäßigkeit. Die Wände sind so dünn, dass Sie mithören, wenn der Nachbar den Reißverschluss öffnet. Und dann wird überall deutlich, dass ausländische Gäste gar nicht sonderlich willkommen sind. Kaum einer hier spricht Englisch, die Auszeichnungen sind stets in japanischen Schriftzeichen. Nicht ein englischsprachiger TV-Sender wie CNN oder BBC, die Sie sonst in allen asiatischen Ländern empfangen können, ist hier verfügbar. Das gilt übrigens für Tokio allgemein. Nur hier funktioniert Ihr Triband-Handy nicht, und die wenigen Schilder, auf denen Hinweise in für uns verständlicher Sprache stehen, werden beim Auswechseln auf Japanisch umgestellt. Auf der Tokyo Motor Show, einer der größten Industriemessen der Welt, gibt es am Infostand eine Abteilung *„Overseas"*, weil die Damen dort ein Wort Englisch sprechen: *„Yes"*. Ein Test gefällig: Können Sie mir eine Million Yen leihen? *„Yes"*.

Der Gast sei dem Gastgeber heilig

CÄSAR RITZ GAB DIE RICHTUNG VOR

Keine besonderen Wünsche mochte der Prinz von Wales äußern. Bei seiner Ankunft ließ er gegenüber Cäsar Ritz lediglich verlauten: „Sie wissen doch besser als ich, was ich schätze und am meisten mag." Für Ritz vor rund 100 Jahren das allergrößte Lob.

„Kinder, geht doch zu Lorenz Adlon", pflegte bei Staatsbesuchen Kaiser Wilhelm II. regelmäßig auszurufen. „Bei mir im Schloss ist es kalt, es zieht und in den paar Badezimmern läuft das heiße Wasser nicht. Geht doch zu Lorenz Adlon, der auch noch der bessere Gastgeber ist."

Damals wie heute sind die Hoteldirektoren nicht einfach Chefs von Gasthäusern mit zig oder Hunderten Zimmern, sie sind Gastgeber für Könige, Präsidenten, für die Schönen und den Geldadel, aber ebenso für die Damen und Herren Normalbürger. Die wirklich großen Hoteliers

im Lande sind selbst in die Gesellschaft aufge-
stiegen, pflegen aber die Dienstleistung wie eine
Kunst.

Ich erinnere mich daran, wie bei der Herzog-
Rede im „Adlon" der Lorenz Adlon unserer Tage, Jean K. van Daalen, an der Seite des Präsidenten ebenso präsent war. Bei den Besuchen von
Bill Clinton, George Bush oder dem jordanischen

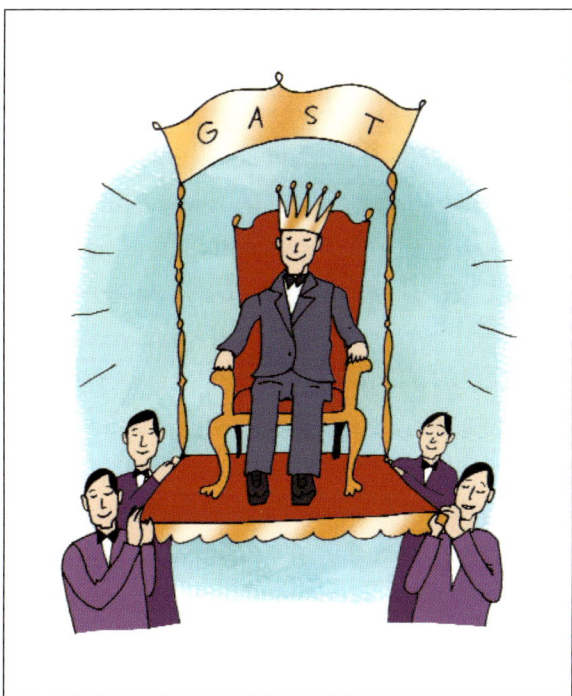

König war er selbstverständlich an deren Seite.
Er kümmerte sich aber ebenso persönlich, als
beim Empfang im Ballsaal seines Hotels der
Champagner nicht kalt genug serviert wurde.

Etliche der großen Gastgeber in der deutschen Hotellerie werden der Branche fehlen, so Karl Walterspiel oder Karl Stiehle, der das Berliner „Palace" zum Tophotel machte und als Weinpapst unter den Hoteliers neue Maßstäbe bei der Pflege edler Kreszenzen setzte. Nie habe ich einen leidenschaftlicheren Genussmenschen kennen gelernt. Stiehle pflegte seine Gäste nicht, indem er ihnen nach den Mund redete, ja eine Schmalzspur durch die Lobby zog, er war einfach verlässlich, korrekt, ein Herr. Seine Gastgebergroßzügigkeit war stets mit Diskretion gepaart. Karl Stiehle hätte nie erzählt, wenn spät in der Nacht der Kanzler Schröder mit einem bedeutenden Unternehmensführer in seltsamer Allianz fröhliche Lieder geschmettert hat.

Die Gastgeber, die ein besonderes Hotel durch Persönlichkeit mehr prägen als es die Tradition vermag, sind eine kleine Fraktion. Man wohnt bei Karl Nüser und erst dann im „Nassauer Hof" Wiesbaden oder bei Ingo Peters im Hamburger „Raffles", bei Hermann Bareiss oder Heiner Finkbeiner, um die Ferienhotellerie ins Spiel zu bringen. In Köln spielte das altehrwürdige „Excelsior Hotel Ernst" keine Rolle mehr, bis Manfred Brennfleck kam. Er ist für jeden Gast der Gastgeber.

An Cäsar Ritz' Meisterstück, dem damaligen „Ritz" in Paris, lässt sich eine direkte Verbindung durch aktive Einflussnahme nachvollziehen. Der Begründer der Luxushotellerie wollte nicht, dass das Haus als „Hotel" etikettiert würde, auch nicht als das in Frankreich beliebte „Palace" (die vorübergehende Bezeichnung dieses Hotels), sondern als „das Ritz", „Le Ritz", „The Ritz". Ausschließlich sein Familienname sollte die Gedankenverbindung herstellen. Nicht einmal der anspruchsvolle Vorname Cäsar durfte eine Rolle spielen. Da hielt er es wie die Altarbauer.

Zum Glück gibt es hierzulande in der Branche auch jüngere, die auf dem Weg sind, als die großen Gastgeber die direkte Verbindung zwischen ihrem Namen und dem des Hotels herzustellen, das sie führen. Frank Marrenbach („Brenner's Park Hotel"), Carsten Rath („Robinson Club Hotels"), Jost Deitmar („Louis C. Jacob") oder Christoph Mares („Mandarin Oriental", München) sind ein paar Beispiele dafür. Sie alle empfangen mit offenen Armen ihr Gäste, pflegen sie stilvoll und wissen, dass diese Klientel gelernt hat, diese Zuwendung zu würdigen, ja, sie deshalb verehrt.

Hospes hospiti sacer. Der Gast sei dem Gastgeber heilig. – Da Hospes beides heißen kann, Gastgeber und Gast, wäre auch die Umkehrung des Spruchs möglich, was aber selten vorkommt. Passen würde es trotzdem.

Kleine Geschichten aus großen Hotels

THEO LINGEN ALS ZEITUNGSVERKÄUFER

Reden wir an dieser Stelle einmal nicht über die große Politik, nicht über bedeutende Wirtschaftsgipfel und Präsidententreffen im Hotel. Nein, lassen wir einfach sehr menschliche Emotionen Revue passieren, die uns besondere Hotels so vertraut machen: Glück, Liebe, auch Enttäuschungen und Trauer. Riskieren wir einen Blick durchs Schlüsselloch der großen Häuser, die so diskret sind, dass ihr Zauber wie ein Flüstern wirkt.

Im Hotel „Vier Jahreszeiten" in Hamburg überwachte William Vanderbilt ein Jahr lang aus seiner Suite (davon träumt jeder Hotelier) den Bau seiner Yacht. Als sie fertig war, ließ er aus Nizza einen Container mit frischen Blumen einfliegen und verwandelte das Hotel in ein Blütenmeer. Onassis erfuhr während einer Zigarrenrunde am Kamin des Traditionshauses an der

Alster vom Tod John F. Kennedys und der große Dali sorgte hier einst für Panik, als er einen jungen Leoparden in seiner Suite allein ließ und ausging. Das Raubtier wurde im Schlaf aufgeschreckt, als das Zimmermädchen glaubte, den exotischen Pelzmantel aufheben zu müssen. Sie konnte ohne Schaden flüchten.

Auf den Florida Keys gibt es ein Ferienhotel, das „Cheeca Lodge" heißt und das wohl kaum bekannt geworden wäre, hätte nicht George Bush, der Vater von „Dabbelju", während seiner Präsidentschaft jedes Jahr hier seine Ferien mit Angeln und Tiefseefischen verbracht. Der Präsident, sonst von Sicherheitsleuten streng abgeschirmt, plauderte hier zwang- und sorglos mit Urlaubern. Ich traf George Bush auf dem 200 Meter langen Bootssteg ins Meer. Mit der Angelrute in der Hand, auf dem Holzrand sitzend und die Beine baumeln lassend, gab es ein Gespräch, das ohne die besondere Stimmung dieses lichten Ferienresorts nie zustande gekommen wäre. Hier, wo Ernest Hemingway 1928 ein Holzhaus baute, verschenkte der Präsident so manchen privaten Dollar an Bedürftige und machte kein Aufheben davon.

Josef Paulke, der langjährige deutsche Chef-Concierge vom texanischen Tophotel „Mansion on Turtle Creek" in Dallas, erlebte die glamourössesten und exzessivsten Feste der Superreichen, als hier die Ölquellen noch unendlich sprudelten, und er erlebte die verrücktesten Geschichten. So, als der Gast aus der Suite 708 mal eben eine Düsenmaschine bestellte. Nicht chartern, kaufen. Paulke telefonierte und disponierte. Es gelang ihm das Kunststück ohne Lieferzeit. Über das Trinkgeld hat er geschwiegen.

Kuriose Begebenheiten und komische Geschichten haben sich Wand an Wand in Gegenwart und Vergangenheit zugetragen. Im Londoner „Savoy", das 1889 gebaut wurde, weil man ein Zuhause für die Gäste einer Gilbert- und Sullivan-Opern-Inszenierung brauchte, gab der berühmte Albert Einstein in seinem letzten Lebensjahr ein Dinner. Ob seine Relativitätstheorie denn stimmen würde, wurde er gefragt. Einstein antwortete: „Das weiß man erst nach meinem Tode. Wenn ich Recht habe, dann werden die Deutschen sagen, ich war ein Deutscher, und die Franzosen werden sagen, ich war ein Jude. Und wenn ich nicht Recht habe, werden die Franzosen sagen, ich war ein Deutscher, und die Deutschen, er war ein Jude …"

Wo die Werbung uns täglich einhämmert „Geiz ist geil!", drängt sich die Geschichte des sparsamsten Hotelgastes auf. Theo Lingen, der wunderbar näselnde Künstler, inszenierte in seinen Hotels stets diesen Dialog: „Sagen Sie, mein Verehrtester, was haben Sie denn heute für Ihr Personal vorbereitet?" „Linseneintopf, Herr Lingen", „Oh, mein Lieber, darauf habe ich schon so lange gewartet. Lassen Sie mich doch eine Portion probieren", und sparte das teure Hotelmenü… Morgens las der geizige Theo an den Kiosken in den Hotelhallen die Zeitungen und steckte sie wieder zurück. Als der Zeitungsstand einmal kurze Zeit unbesetzt war und eine Dame ein Blatt kaufen wollte, griff Theo Lingen, ohne mit der Wimper zu zucken, in den Zeitungsständer und kassierte den aufgedruckten Betrag… Ganz aufgeregt sagte die Dame zum Portier: „Ihr Zeitungsverkäufer sieht genauso aus wie Theo Lingen." Der antwortete wahrheitsgemäß: „Das ist Theo Lingen." Grußlos wandte sich die Kundin ab. Verspottet zu werden – das hätte sie in diesem feinen Haus nicht erwartet.

Preiswert, aber laut

DER CHARME EINFACHER HERBERGEN

Frankfurts Tophotellerie, das ist für mich „Steigenbergers" Flaggschiff „Frankfurter Hof" oder das Grandhotel „Arabella Sheraton", vielleicht noch für Traditionalisten der „Hessische Hof" oder man macht sich die kleine Mühe und wählt den „Nassauer Hof" in Wiesbaden.

Von der „Villa Orange", dem „Relexa"-Hotel oder dem „Palmenhof" hatte ich noch nichts gehört. Häuser dieser Kategorie von selbst gebackenen vier, tatsächlich aber echten drei Sternen genießen aktuell eine Werbe- und Marketingkampagne von unermesslichem Wert: Gemeint ist die Epidemie der Sparmaßnahmen bei Reise- und Hotelkosten. Jetzt müssen sich auch Angestellte auf den oberen Sprossen der Leiter nach unten orientieren, wenn sie auf Dienstreise gehen. Was bieten diese Zwei- und Drei-Sterne-Häuser, vom sauberen Bett für die Nacht einmal abgesehen? Die „Villa Orange" zum Beispiel, deren Besitzer sich den Zusatznamen „Das Business-Hotel mit Charme" zugelegt haben. Die erste Voraussetzung ist natürlich, dass man das kleine Hotel (38 Zimmer) in seinem Versteck findet. Der Name fehlt in der Hotelliste der Navigationssysteme und macht als letztes Reihenhaus in der stillen Hebelstraße auch keine große Werbung. Natürlich gibt es auch keinen Pförtner, nicht mal eine Lobby. Geöffnet wird nur nach Läuten.

Ein gutes Argument demnach, die „Villa Orange" zu buchen, vor allem für Geschäftsreisende, ist der Übernachtungspreis. Die Probenacht im Deluxe-Doppelzimmer mit Frühstück kostet 66 Euro, später wird's ein wenig teurer.

Wir wohnten im Zimmer 02 mit angedeutetem Himmelbett, kleiner Sitzecke und großzügigem Bad. Großzügig muss allerdings auch der Gast sein. Weghören, wenn die Spülung mit lauten Trompetenstößen arbeitet, gelassen bleiben, wenn der Wasserspiegel im Waschbecken steigt, weil der Abfluss nicht funktioniert.

Der Charme des Hauses ist die einfache, aber persönliche Art der Gästepflege, gewiss nicht so wie es die Experten auf der Cornell-Universität (bedeutendste Hotelfachschule der Welt) vermittelt bekommen. „Ich hoffe, Sie hatten einen schönen Abend und wünschen eine gute Nacht", steht handgeschrieben auf einem orangefarbenen Bogen, der zusammen mit dem Betthupferl auf dem Kopfkissen platziert ist. Auch das Frühstücksbüfett ist auf individuelle Weise eigenwillig. Den Kaffee oder Tee mussten wir uns von der Warmhalteplatte holen, bei anderen Frühstücksbüfetts ist zumindest die kleine Serviceleistung des Einschenkens selbstverständlich. Dafür werden hier die frischen Brötchen und andere Genussprodukte schneller und liebevoller nachgelegt, als ich es sonstwo erlebt habe: Ananasstreifen, noch warmer Quarkstrudel und italienische Spezialitäten. Im mensanüchternen Frühstücksraum schafft nicht Ambiente Atmosphäre, sondern das kulinarische Angebot.

Derart gestärkt schleppen wir (gezwungenermaßen) das Gepäck, müssen auch Concierge-Aufgaben übernehmen und die Schuhe ohne Fremdhilfe wienern. Alles kein Problem, wenn man den eigenen Minutenlohn beim Ratenvergleich mit dem Tophotel hochrechnet.

Einzig und allein, wenn es um die Nachtruhe geht, ist eine echte Einschränkung gegeben. Da ich nicht von der Natur mit Bären-Winterschlaf-Taubheit gesegnet bin, konnte ich wie ein Spieß durchzählen, wann die einzelnen Gäste mit Holzbodengeklapper in ihre Zimmer einrückten.

Wenn wir von niedrigen Hotelpreisen sprechen, ja, sagen wir ruhig von Schnäppchen, muss eine weitere Offerte erwähnt werden, die zeigt, dass in schwierigen Zeiten nicht der gewiefte Verkäufer am Drücker sitzt, sondern der Kunde. Immerhin sind leere Betten die teuersten. Der Fürstenhof in Celle, der nach intensiver Frischzellenkur im neuen Glanz erstrahlt, will die liebevoll geschaffene Qualität einer breiteren Zielgruppe vermitteln und bietet Sonderpreise von 30 Euro pro Person einschließlich Frühstück an. Nun ist Celle nicht Hamburg oder Berlin, aber da lohnt auch ein kleiner Umweg, wenn man irgendwo in Niedersachsen zu tun hat.

Kennen Sie den Wachtelhof?

GENUSSVOLLE ZUFRIEDENHEIT
AUF DEM LANDE

Glücklich ist, wer noch Träume hat. Noch glücklicher, wer über die nötigen Mittel verfügt, um sie sich erfüllen zu können. Wenn es beim ersehnten Tapetenwechsel nicht gerade ein Hotelpalast sein muss, sondern eines der schönen deutschen Landhotels sein darf, geht das auch mit kleinem Budget für gebremsten Konsum. Und dann gilt nur noch: Ankommen, auspacken, sich wohl fühlen. In einem langen Wochenende, so habe ich erfahren, steckt oft mehr Erholung, als im aufwändigen Jahresurlaub.

Man muss allerdings wissen, wohin. An die winzige Mönchsklause des beleibten Dom Pérignon in der Champagne wurde ich oft erinnert, wenn ich in so genannte rustikale deutsche Landhotels einkehrte, die für enge, bescheidene Kammern saftige Preise verlangen und sonst peinlich wenig bieten. In manchen Kettenhotels findet man enge Steinbodenkemenaten, die pro Person auch 80 Euro kosten, aber neben dem schmalen Bett, einem alten Nähmaschinengestell, das zugleich als Tisch und Ablage dient, kaum Einrichtung zum Wohlfühlen offerieren.

Was diese Erinnerungen mit dem Wachtelhof in Rotenburg an der Wümme zu tun haben, ist leicht erklärt. Dieses Landhotel hat sich zum absoluten Musterbeispiel entwickelt, wie ein gemütliches Domizil auf dem Lande sein sollte. Der Wachtelhof setzt Maßstäbe für diese Art von Hotels. Das großzügig angelegte Landhaus mit 36 Zimmern und zwei Suiten ist geschmackssicher eingerichtet, urgemütlich und fair im Preis (ab 140 Euro pro Zimmer und 36 Euro für Halbpension). Die verdiente Anerkennung: Bei der Wahl der individuellen Hotels, vom Fachblatt *Top hotel* initiiert, wurde der Wachtelhof ebenso in die Spitze gewählt wie von Kombinationsurlaubern, die mit der „MS Europa" oder der „MS Deutschland" verreisen und sich hier einstimmen, mit Lob überschüttet.

Rotenburg ist ein gängiger Name in Deutschland. Sechsmal gibt es Orte dieses Namens mit „th" geschrieben, dreimal mit „t". Der Ort an der Wümme wurde bei Vielreisenden durch den „Wachtelhof" bekannt. „Man sieht sich in Rotenburg", steht heute kess am Ortseingang. Zumindest die Reisenden, die mit dem Auto im Städtedreieck Hamburg, Bremen und

Hannover unterwegs sind und Wert auf kultiviertes Wohnen legen, haben das Haus auf der Liste, ein beliebter Treffpunkt für Konferenzen und Vertragsgespräche. Unübersehbar zieht das Landhaus mit den tiefgezogenen Schieferdächern an der Durchfahrtsstraße die Aufmerksamkeit an, attraktiv in der Optik, mit einem Hauch von Mizners amerikanischer Zuckerbäckerarchitektur, nur nicht in floridapink, sondern in blütenweiß. Im Haus ist alles durchdacht und funktionell. Das Schwimmbad, als Badelandschaft gestaltet, existiert von Anbeginn, eine perfekt ausgestattete Therme mit Beautysalon und Sternenhimmeldampfbad komplettiert das Angebot. In der Lobby, im Rezeptionsbereich und in der Bar dominiert der warme goldene Ton des Pinienholzes. In der Lounge knistert das Kaminfeuer, macht den endlosen Winter wenigstens ein bisschen erträglicher. Das Gourmetrestaurant „L'Auberge" und der Wintergarten „Jardin Noblesse" auf der Gegenseite des Hauses mit freiem Blick auf das angrenzende Naturschutzgebiet wirken freundlich und einladend. Die Küche betont, nach großen Vorbildern (wie Alain Ducasse), die Grundprodukte, die ohne geschmackliche Verfremdung und extrem frisch verarbeitet werden. Küchenchef Daniel Klaus Rundholz legt Wert darauf, dass auch die Präsentation nichts Überzogenes und Gekünsteltes hat.

Der Satz vom Gast, der im Mittelpunkt stehen sollte – immer wieder gern genutzt –, wird hier tatsächlich umgesetzt, dafür sorgen die Familie Höhns sowie der Direktor des Hauses, Heinz Hess. Mit Beauty- und Golfpaketen, mit organisierten Fahrten ins Umland, auch Physiotherapie und Fitnessprogrammen soll die Freizeit verschönt werden.

In genussvoller Zufriedenheit registriert man all die Möglichkeiten, die man nutzen könnte, wenn man nur wollte. Und entschließt sich ohne schlechtes Gewissen – man zahlt schließlich mit der *rate* seinen Teil für die Einrichtungen –, einmal einen Tag einfach zu verbummeln, mit Nichtstun und die Seele baumeln lassen. Ich habe mir Zeit gegönnt. Gibt es etwas Wertvolleres?

Hotels als Kulisse großer Leinwandepen

SICH EINMAL WIE EIN FILMSTAR FÜHLEN

Die schönsten Hotels, der beste Service, der aufregendste Blick aus dem Fenster. Kriterien, Domizile einzuordnen und zu bewerten, gibt es genug. Eine etwas andere Hotelhitparade ist das Erleben besonderer Kulissen für Filme, die diese Hotels berühmt gemacht haben. Was wäre das „Regent Beverly Wilshire" ohne *Pretty Woman?* Würden Sie sich an die rot gedeckten Türme des „Coronado Beach Hotels" in San Diego erinnern, wenn sie nicht ständig im Marilyn-Monroe-Klassiker *Some like it hot* zu sehen wären? Wie oft haben wir das „Fairmont" in San Fransisco erlebt, das Basis des TV-Spektakels *Hotel* war. Bei den älteren Gästen lebt das „Chateau Marmont" in Los Angeles immer noch als Herberge für den Dennis-Hopper-Film *Colors* und das Londoner „Savoy" im gleichnamigen Film.

Die Hotellegende „Oriental" in Bangkok liefert den Rahmen, ist Kulisse für unzählige Kinoerlebnisse. Das bekannteste bleibt sicher *Der König und ich*. Dreißig Filme, zuletzt *Kevin* oder im Original *Home alone 2*, der im Fernsehen x-fach wiederholte Streifen mit dem US-Frechdachs, spielen im „The Plaza", New York. Die gewaltige „Hotelburg" am Central Park bietet mit den eichenholzgetäfelten Restaurants und der Halle eine eindrucksvolle Kulisse, die täglich hundertfach von Gästen auf Fotos festgehalten wird.

Die Meisterwerke *Grand Hotel* mit Greta Garbo und *Monte Carlo Story* mit Marlene Dietrich wurden im „Hotel de Paris" gedreht. Im farbenprächtigen Indien mit Herrscherpalästen und Maharadscha-Denkmälern drängen sich unzählige Hotels geradezu auf, für farbige Leinwandgeschichten. Die Paläste von Jaipur und Amber sind Beispiele. Das berühmte Hotel „Lake Palace" am Lake Piccola bei Udaipur war Schauplatz für den *Tiger von Eshnapur*. Das aus Marmor und Sandstein gefertigte Gebäude dient auch heute noch als berühmte Filmkulisse. Der James Bond-Streifen *Octopussy* hat entscheidend zum Maharaja-Mythos beigetragen.

Hoch oben über allem anderen schwebt der *Spirit of Tahiti*, so wunderbar eingefangen in der Atmosphäre der Overwater-Bungalows der Resorts von Bora Bora, das ist für mich der Höhepunkt der Schöpfungsgeschichte und verständlicherweise ein für Generationen prachtvoller Rahmen außergewöhnlicher Filme. Ganz gleich ob das die *Südsee-Melodien*, die *Bounty* oder *Hurrican* war, nie konnte man sich satt sehen, an den Naturbildern und auch am Ambiente der ungewöhnlichen Hotels auf Stelzen im Wasser.

So friedvoll und jungfräulich muss unsere Welt am ersten Tag der Schöpfungsgeschichte gewesen sein, eine Ewigkeit, bevor wir den Planeten befingert und entstellt haben, lange noch vor dem ersten Sündenfall. So und nicht anders muss unsere Welt ausgesehen haben: unbeschreiblich majestätisch, von göttlicher Perfektion wie Bora Bora, diese wohlproportionierte Inselschöne mit dem weißen Gürtel aus Korallen und dem sanften Wimpernschlag des Ozeans. Bora Bora oder *Pora Pora* wie das Inselparadies in der polynesischen Legende von Raiatea heißt, ins Deutsche übersetzt, die Erstgeborene. Gut vierzigmal habe ich die Erde umrundet und 140 Länder bereist. Nie sah ich ein schöneres Detail des Weltpanoramas. Auf der Holzterrasse seines Overwater-Bungalows im „Hotel Bora Bora" zu sitzen, in stiller Andacht auf das spiegelglatte Wasser zu schauen und sich dem Gefühl hinzugeben, auf der Lagune zu schweben, löste Glücksimpulse aus und tiefe Zufriedenheit. Das Farbenspiel des Wassers wird vom Himmel inszeniert. Die Töne wechseln von durchscheinendem Opal und Perlmutt bis Silber mit einem winzigen Schuss Türkis. Mantas, Meerestiere mit mächtigen Schwingen, bunte Papageien und flinke Clownfische tanzen an der Wasseroberfläche. Boote mit weißen Segeln gleiten ins Bild. Morgens in aller Frühe, wenn die Sonne noch ohne Kraft ist, scheint die Lagune bleigrau, im Tagesverlauf wechselt der Ton zu zartem Oliv und wird immer heller, bis schließlich kräftiges Weiß ins lichte Grün gemischt ist. Am Abend spiegelt sich der Sonnenuntergang im stillen Wasser. Wolkenfetzen ziehen wie eingefärbte, zerpflückte Watte am Himmel entlang. Die dunklen Wedel einer schräg ins Meer hinausragenden Palme wirken wie ein Scherenschnitt. Aus der Distanz neigen wir dazu, das alles schon als Postkartenkitsch abzutun – es ist die Wahrheit von Bora Bora.

Das „Hotel Bora Bora", das zur Gruppe der „Aman Resorts" gehört, verkauft für rund 600 Euro die Nacht aber nicht nur ein blumengeschmücktes Quartier, sondern auch den Pflock, an dem unsere Illusionen, unsere Träume vom irdischen Garten Eden festgemacht sind. Und das ist unbezahlbar. Für den, der sich das leisten kann, gibt es hier den Höhepunkt des ganz persönlichen Lebensfilms.

Auf den Hund gekommen

SPEISEKARTEN FÜR DIE LIEBEN VIERBEINIGEN BEGLEITER

Um es vorweg zu sagen: Zum Club der Feinschmecker gehörte der Zufallsgast aus Oberbayern im vornehmen „Brazilian Court Hotel" in Palm Beach (Florida) wahrlich nicht. Und seine Englischkenntnisse waren begrenzt. Weil ihm die Wartezeit zu lang geworden war, griff er sich eine Menükarte vom Pult des Restaurantchefs. Diese Speisekarte im mehrfach preisgekrönten „Chancellor Grille"-Hotelrestaurant blieb aber ein Buch mit sieben Siegeln. Man kann es dem hilflos suchenden Gast nachfühlen, dass die Erleichterung groß war, als er hinter der Bezeichnung „Chancellor Chow" die Erklärung Filet Mignon fand. Das kannte er vom Metzger zu Hause als das beste Stück vom Rind.

Höchst verwundert registrierte der Gast, der von seinem Reisebüro in das noble Hotel eingebucht worden war, dann aber zwei Ungereimtheiten: Erstens war sein Filet in Streifen geschnitten und ziemlich blass gebraten, und zweitens wurde es nicht auf dem Teller serviert, sondern in einem Porzellannapf, der allerdings sehr edel gestaltet war. Dass der Kellner höflich nach seinem Hund fragte, verstand der Bayer nur zur Hälfte und antwortete darum eher grundsätzlich: *No, nix Dog.* Was wiederum den Kellner völlig ratlos machte. Die Aufklärung der Geschichte ist schnell erzählt. Von seiner Eile, wegen übergroßen Hungers getrieben, hatte sich der Gast aus Germany versehentlich die Speisenkarte für Hund und Katze gegriffen. Denn dieses „Brazi-

lian Court Hotel", das zum edlen Zusammenschluss der *Preferred Hotels & Resorts World Wide* gehört, wechselt, wie es eigentlich nur für gut zahlende Gourmets selbstverständlich ist, nach dem Frischeangebot des Marktes auch die Speisenkarte für die begleitenden Tiere.

Das „Court" ist längst nicht das einzige Hotel der Welt, das diesen Aufwand treibt. Die Hotel- und Tourismusbranche ist endgültig auf den Hund gekommen: So bietet die deutsche Maritim-Gruppe fünftägige spezielle Wellnessarrangements für die Vierbeiner. Das Programm beginnt mit einem Gesundheitscheck, beinhaltet Ganzkörpermassage, Training auf dem Unterwasserlaufband.

Der italienische Dottore Vanni Brizzolari aus Florenz hatte auf zehn Reisen mit seinen drei Hunden (Boxer, Setter, Pointer) nie eine Chance, ein Hotel zu bekommen. Die Rezeptionisten lehnten kategorisch ab. Da gründete der Rechtswissenschaftler ein Tierreiseunternehmen *Hotel-Urlaub für Hunde, auch für Katzen und Menschen.* Landhäuser und Grandhotels in ganz Italien sind im hundertseitigen Katalog zusammengefasst.

Die Liebe zum Viech treibt oft merkwürdige Blüten. Nach Hundefriedhof, Schönheitssalons, Modeateliers für Vierbeiner, dem Schuster für Hundeschühchen, Psychologen und Heilpraktikern, die sich um Leib und Seele der Haustiere kümmern sollen, folgten Hundehochzeiten in den USA und nun dieses Schlemmerangebot für Vierbeiner im Fünf-Sterne-Hotel.

Vita Heinz Horrmann

Heinz Horrmann, 1943 im Zeichen des Was-
sermannes geboren, arbeitet seit mehr
als dreißig Jahren als Journalist und Buchautor.
26 Reise-, Hotel- und Genussbücher von ihm
wurden bisher veröffentlicht, u. a. der Bestsel-
ler *Inselparadiese*. Horrmann ist als Geschäftsführender Redakteur bei der WELT und WELT
am SONNTAG für die Redaktionsbereiche ver-
antwortlich, in denen die schönen Dinge des
Lebens abgehandelt werden: Reise, Hotel &
Genuss.

Für seine Reportagen ist er mehrfach ausgezeichnet worden (Reportagepreis der Stadt De-
troit, Autorenpreis der Christophorus-Stiftung).
In New York entscheidet er als Juror mit über die
jährliche „Weltrangliste" der besten Hotels.

Im April 2001 wurde Horrmann als erster
Journalist mit dem begehrten *Five Star Diamond
Award* als „Bester Hotel-Autor der Welt" aus-
gezeichnet. Ein Jahr später kürte die *American
Academy of Hospitality Sciences* sein Buch
KREUZFAHRT-TRÄUME zum weltbesten Reise-
buch 2002.

Für seine „Verdienste um die deutsche Hotellerie und Gastronomie" (so die Begründung)
bekam er im selben Jahr das Bundesverdienstkreuz am Bande. Horrmann ist verheiratet und
hat einen Sohn.